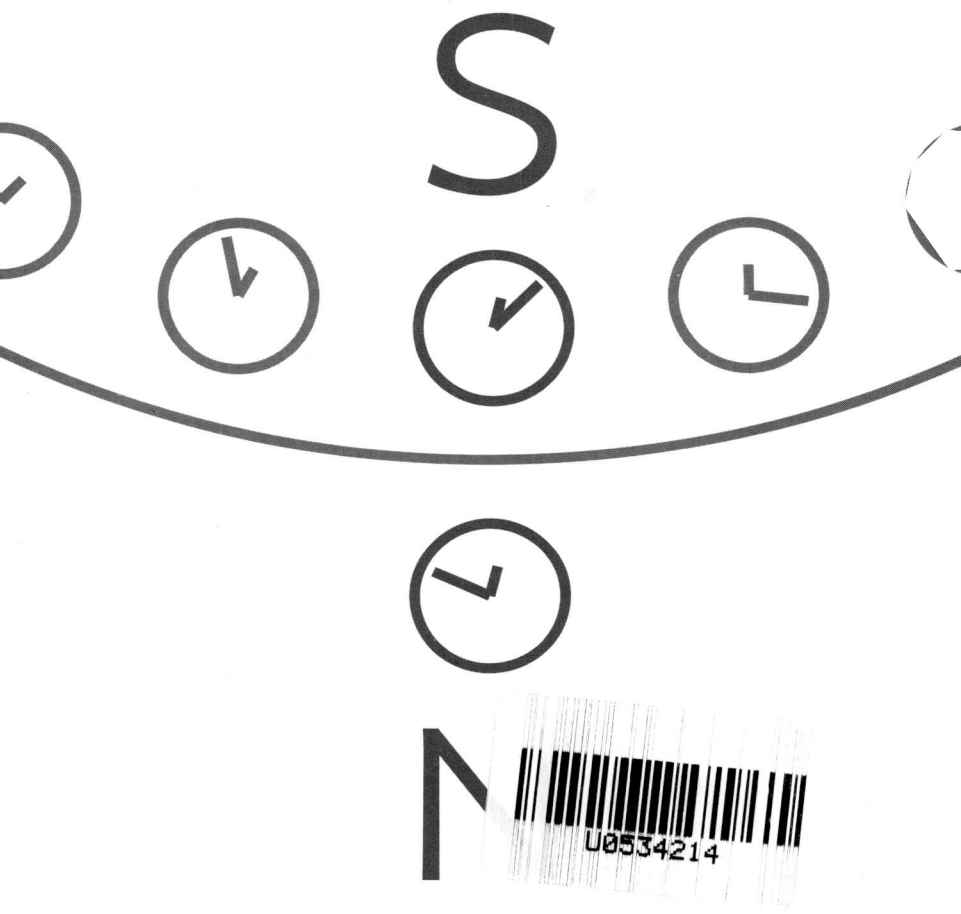

拖 延 进 行 时

一部关于拖延症的历史，从达·芬奇到达尔文到你我

【美】安德鲁·桑泰拉 著
韩 阳 王 喆 译

電子工業出版社
Publishing House of Electronics Industry
北京·BEIJING

Soon: An Overdue History of Procrastination, from Leonardo and Darwin to You and Me

Copyright ©2018 by Andrew Santella

Published in agreement with Larry Weissman Literary, LLC, through The Grayhawk Agency Ltd

本书中文简体版授予电子工业出版社独家出版发行。未经许可，不得以任何方式抄袭、复制或节录本书中的任何内容。

版权贸易合同登记号　图字：01-2021-3026

图书在版编目（CIP）数据

拖延进行时：一部关于拖延症的历史，从达·芬奇到达尔文到你我 /（美）安德鲁·桑泰拉（Richard V. Reeves）著；韩阳，王喆译 . —北京：电子工业出版社，2021.8

书名原文：Soon: An Overdue Procrastination, from Leonardo and Darwin to You and Me

ISBN 978-7-121-41402-2

Ⅰ. ①拖⋯　Ⅱ. ①安⋯　②韩⋯　③王⋯　Ⅲ. ①名人—生平事迹—世界—通俗读物　Ⅳ. ① K811-49

中国版本图书馆 CIP 数据核字（2021）第 140279 号

责任编辑：胡　南
文字编辑：李楚妍
印　　刷：三河市鑫金马印装有限公司
装　　订：三河市鑫金马印装有限公司
出版发行：电子工业出版社
　　　　　北京市海淀区万寿路 173 信箱　邮编：100036
开　　本：880×1230　1/32　印张：6.375　字数：180 千字
版　　次：2021 年 8 月第 1 版
印　　次：2021 年 8 月第 1 次印刷
定　　价：59.00 元

凡所购买电子工业出版社图书有缺损问题，请向购买书店调换。若书店售缺，请与本社发行部联系，联系及邮购电话：(010) 88254888，88258888。

质量投诉请发邮件至 zlts@phei.com.cn，盗版侵权举报请发邮件至 dbqq@phei.com.cn。

本书咨询联系方式：(010) 88254210，influence@phei.com.cn，微信号：yingxianglibook。

献给 A-L

"让我们将义务抛诸脑后吧。"

——约翰·贝里曼[1],《77首梦歌》

---

[1] 约翰·贝里曼(John Allyn Berryman,1914年10月25日—1972年1月7日),美国诗人,20世纪美国自白派诗歌奠基人之一。——译者注。如无特别说明,本书中所有脚注均为译者注。

目录
Contents

第一章　达尔文与藤壶 / 1

第二章　心理学的"抗拖"之战 / 27

第三章　圣人、乌鸦、诗人、神父 / 51

第四章　待办清单 / 75

第五章　时钟滴答响，Deadline 在逼近 / 95

第六章　利希滕贝格：播种灵感 / 115

第七章　赖特：就让拖延将我牢牢捆绑 / 151

第八章　未来可期 / 179

致谢 / 195

关于作者 / 197

第一章

达尔文与藤壶[1]

> 父亲建议我去当一名牧师。他无法容忍我成为一个无所事事的运动员,而当时我差点就踏入了体坛。我说我需要时间考虑一下。
>
> ——查尔斯·罗伯特·达尔文,《达尔文自传》

一个人哪怕做事再拖拉,只要想做,就得踏出第一步。所以,让我们先来讲讲达尔文吧。

在1837年的大部分时间里,查尔斯·罗伯特·达尔文都

---

[1] 藤壶:一种附着在海边岩石上的节肢动物。

拖延进行时

一部关于拖延症的历史，从达·芬奇到达尔文到你我

在一套皮面装订、口袋大小的笔记本上涂涂画画，这样的笔记本，他在周游伦敦时随身带了一整套。每本笔记本都有一个能将它合上的金属搭扣，就像日记本一样。

当时他在大马尔伯勒街租了几间房，离阿西纳姆俱乐部不远。这个俱乐部聚集了很多文学、科学领域的新秀，他们在新古典主义雕塑的包围下，轻声交流着自己的思想和理念。达尔文当时刚被选为这个俱乐部的会员，而与他同是这家俱乐部会员的还有查尔斯·狄更斯。我猜想他俩肯定见过面——你看：狄更斯、达尔文，名字都叫查尔斯——但据我所知，历史上并没有两人见过面的记录。我们只能想当然地认为阿西纳姆俱乐部举办活动时没有按照字母顺序排座位。我喜欢想象他们两人探讨事物的样子，譬如抱怨政府或是俱乐部的餐食。

达尔文当时年仅 28 岁，刚刚乘坐小猎犬号环绕地球一周归来。此次航行一共花了近五年时间，使得他在科学圈崭露头角。如今他签下了一本书的合约，同时，作为自然科学家的他声誉渐起。作为当时天资聪颖的黄金单身汉，晚餐邀约纷至沓来，这让他分身乏术，而他仍忙于消化自己在此次漫长航行中的见闻。达尔文花了大量时间钻研一个谜题：在距离厄瓜多尔

西海岸 960 多千米的加拉帕戈斯群岛上，他发现了几十种知更鸟——每个岛上的知更鸟各不相同。为什么在彼此相邻的一个区域内，物种会如此多样：一个岛上的知更鸟是利喙的，另一个岛上的知更鸟却是钝喙的？而其他博物学者发现鬣鳞蜥、乌龟等物种也存在类似的多样性，即在不同的岛屿上，同一物种的具体生物各不相同，这又是为什么呢？

达尔文把这些问题记在皮面笔记本上，并附上草图、随笔，以及和其他博物学家讨论的总结。现在，他开始草拟一些问题的答案了。

"每个物种都会变"，1838 年夏，达尔文在笔记本上写下了这么一句话。寥寥数语，再简单不过的一句话，却读来惊艳。达尔文确信，我们所了解的物种并非按照神的计划产生并亘古不变，而是经过不断演变形成的。同年 9 月，他在笔记本中描述了这种变化背后的机理，即生物在所处的环境偏袒且保存了对其中一部分随机的基因变化，同时又让另一些变化消失，达尔文把这种筛选过程称作"自然选择"。

这是一个足以改变世界、动摇信仰的理论，但直到 20 年后达尔文才将其公之于众。在完成了思想史上的一次大飞跃

拖延进行时
一部关于拖延症的历史,从达·芬奇到达尔文到你我

之后,达尔文搁置了这一研究,完全没去尝试发表自己的理论。他没把论文寄给任何一家科学期刊,也不给任何一家大众媒体写文章,甚至没有动笔写书或找出版社。不管怎样,反正他一直没有做出行动。虽然他确实跟几个朋友说过自己的想法,也确实给他的新理论作了摘要——他称之为"科学领域值得关注的一次进步",但他把这份摘要和那些有金属搭扣的笔记本一起锁了起来。此外,他还吩咐说这些研究成果只能在他死后发表。

达尔文并没有虚度这段时光。他结了婚、成了家,搬到了乡下的一栋房子里,开始拼命写作,一直写到腰酸背痛。他写了多卷有关火山岛和珊瑚礁的文章,创作了五卷系列图书《小猎犬号航海记》,还为期刊《园丁纪事》写了一些文章。这些文章的主题绝对称不上能够改变世界,比如:如何从幼苗阶段种植果树,或用钢丝绳来箍水桶的好处等。1846年到1854年间,达尔文为解剖和描写藤壶陷入了近乎痴迷的状态。

达尔文连续好几年都在潜心研究藤壶,他成了一个藤壶发烧友。还有人说他都快对藤壶着魔了。他身边摆满了泡在酒精里的藤壶标本,一整天都弯着腰,透过专门为观察藤壶定制的

显微镜，埋头研究藤壶王国中的众生百态与万千奥秘。达尔文称其为"我心爱的藤壶们"。用他一个朋友的话来说，达尔文"满脑子都是藤壶"。达尔文花了太久时间研究藤壶，导致他的孩子们从小一直以为所有父亲都是这样的。某次去朋友家做客，达尔文的一个年幼的孩子问小伙伴："你爸爸是在哪里研究藤壶的呀？"

研究藤壶和其他琐事让达尔文忙得不可开交，直到1859年，他终于出版了《物种起源》，这本意义重大的书阐述了他20多年前就在笔记本上构建出的理论。达尔文晚年声名显赫，他坦言自己也搞不懂为什么从想法形成到出版成书，这中间拖了那么久。有人把这段搁置称为漫长的等待。

那么，达尔文为什么要等待这么久才让世界知道自己的发现呢？为什么他会推迟分享一个他明知具有重大意义的科学发现呢？

这个问题困扰了很多传记作家、科学史学家，以及对原本理性之人的古怪行为感兴趣的人。这里所说的原本理性之人，包括像达尔文这样才华横溢、著作等身的大家。关于达尔文的拖延行为众说纷纭。首先，他的研究具有划时代的重要

拖延进行时

一部关于拖延症的历史,从达·芬奇到达尔文到你我

意义。达尔文深知自己这本书将会给科学界带来革命性的影响,同时也会毁掉自己在乡村的平静生活。面对这样的前景他会犹豫不决,也就不难理解了。

其次,在达尔文生活的社会和时代,大家对基督教无比虔诚。尽管他当时已经不再信教,但他妻子是教徒,担心丈夫的灵魂不能永生,而且他十分尊重身为虔诚基督徒的父亲。达尔文担心自己的研究会激怒父亲,他的书明显就是要把上帝造物学说抹掉,但兹事体大,须慎之又慎。

还有一点就是因为达尔文的完美主义。和所有伟大的科学家一样,达尔文做事井然有序、计划周密——单是看橱窗里排列整齐的藤壶就知道了。正因为他做事情有条不紊,所以我们可以把他数十年的拖延,看成一位科学家为了确保自己一生最重要的研究准确无误而做的努力。因此他总要做更多次实验,用更多篇资料来佐证结果。即使在《物种起源》出版以后,他仍坚持将这部划时代的作品称为"摘要",就像为日后有人指出它的不完善之处而提前致歉似的。

又或者,达尔文起初只是不想被出版的事烦心呢?达尔文

第一章 达尔文与藤壶

的住所名叫唐恩小筑[1]，距伦敦24千米，客厅里摆着钢琴，长长的门厅里设有壁橱，壁橱里放着网球拍、远足靴以及其他能让英国乡村生活变得有滋有味的物件。此外还有台球室、花园。达尔文在给朋友的信中写道："我的生活十分有规律，就像钟表一样，我绕着一个点转，最终生命也会止于这个点。"他的口气听起来毫无颠覆日常生活之意，更别说去颠覆人类的思想史了。拿钟表来形容达尔文的生活恰如其分。每天天不亮他就起身去田间漫步，午饭前则去花园遛狗。或许最为重要的是上午，在此期间他会进行自己钟爱的小小研究，与藤壶为伴。

事实上，一旦深入观察达尔文的拖延行为，你会发现他在没发表《物种起源》的那段时间里有多忙。他根本闲不下来，哪怕远离喧嚣隐居乡村，哪怕他将自己的大作束之高阁。闲散对他来说似乎是一件无法容忍的事情，他所需要的是研究项目，任何项目都行。蚯蚓、藤壶、兰花，什么都行。他一头扎进这些项目的研究中，仿佛世界离不开这些项目似的——尽管世人对达尔文研究的藤壶毫不在意，甚至达尔文

---

[1] 唐恩小筑是肯特郡的一个村庄名，达尔文的屋子位于唐村，得名唐宅或唐。

拖延进行时
一部关于拖延症的历史，从达·芬奇到达尔文到你我

后来也承认自己在研究藤壶一事上似乎做得有点过火了。他在自传中承认："我怀疑这项工作是否真的值得耗费这么多时间。"达尔文花了二十年时间把所有事情做了个遍，唯独不去做那件他心里很清楚自己应该去做的事——出版这本能够改变世界的讲述自然选择的书。从这个角度来看，他自传中描述的绝大部分工作都可以解读为不务正业。

所以，除了是一个高产的科学家，达尔文还是一个拖延症患者吗？要搞清楚这个问题，我们首先要明白的是拖延症与懒惰无关。

并不是每个人都能分清拖延与懒惰。匿名戒酒协会创始人比尔·威尔逊就曾将拖延称作"懒惰的同义词"。可以说，关于这个词，威尔逊只说对了一点儿。拖延由两个拉丁文词根组成：pro（朝向）和 cras（明天）[1]，所以需要时间才能步入正轨。从这个意义上看，威尔逊的观点无可厚非，但拖延与懒惰不能相提并论。拖延者在故意不做本职工作的同时，能够依旧忙于其他的事。达尔文对自己的新理论避而不谈一事或许看起来很奇怪，但这并不能称作懒惰，藤壶可以作证。美国幽默作

---

[1] 拖延的英文为 Procrastination。

第一章　达尔文与藤壶

家罗伯特·本奇利在《成事要诀》一文中的说法便比较接近事实了:"不管是谁,只要不做他当下该做的正事,其他事无论工作量多大,他都能做完。"这句话揭示了拖延症最基本的法则。

本奇利法则(又称结构化拖延法则)不仅适用于具有划时代影响力的科学家,而且适用于我们所有人。

我的公寓一直极为干净,文件摆放得极为整齐,冰箱里从来没有变质的剩饭剩菜,但我的工作总是拖到最后一刻还没做完。我义无反顾地什么事都做,唯独不做那件事,最重要的是,我还真做完了一些事情。

达尔文之所以被我们铭记是因为他天资聪颖、勤奋刻苦、孜孜不倦。但也正因为他的拖拉使他如此具有人情味,与我们如此靠近。他让我们意识到人类动机的复杂性:我们都有一大堆事情要做,一大堆事情必须做——然而我们总会找理由不去做。从这方面来说,我们同达尔文可谓是大同小异。

我们都在做着各自的藤壶研究。

拖延进行时
一部关于拖延症的历史，从达·芬奇到达尔文到你我

*****

我是什么时候决定要写一本关于拖延症的书的？具体时间我记不清了，但可以肯定的是，自那想法出现之后的很长一段时间里，我没有为此付出一丁点儿努力。

我犯了绝大多数拖延症患者都会犯的错误：把自己的想法告诉朋友。他们给予我鼓励，对我说他们已经迫不及待想要读我的作品了。再没有比这更伤人的话了。虽然本意是好的，但他们没有想到的是：鼓励只会让我愈加不会真正动手写这本书。并不是我觉得这本书不值得写，恰恰相反，我对这本书热情越高，着手写作就愈加困难，也愈加不知该如何下笔。我就是那种把十万火急的事拖到最后才做的拖延症患者。

所以在本应动笔写这本关于拖延症的书的时候，我却在整理黑胶唱片，将它们按照字母排序，或给暖气片上漆，或在 YouTube 视频网站看别人家的狗对着汤匙吠叫的视频。我会给楼梯吸尘，或在网上买沃尔特·弗雷泽的篮球鞋[1]。我会去厨房扫地，哪怕地上本就一尘不染。我会把冰箱里的乳酪碎屑

---

[1] 沃尔特·弗雷泽（Walter Frazier，1945年3月29日—至今），前美国职业篮球运动员，司职控球后卫，绰号"侠盗克莱德"，1979年退役。

第一章 达尔文与藤壶

都吃得一干二净,或尝试修理滴水的水龙头,虽然最终还是没修好。最令我羞于启齿的是,我甚至会去听体育电台。

当你到处去跟别人讲你正准备写一本关于拖延症的书时,你会发现把工作拖着不做是一个多么普遍的现象。人们乐于承认自己患有拖延症,他们会迫不及待地告诉你他们最爱通过什么方式来拖延该做的事。每个人都会拖延。一个喜欢观察鸟类的拖延症患者对我说,他在自然界发现了一种与拖延症相类似的现象:鸟在面临敌手,不知该进该退时,通常不会进行选择,相反,它们会低下头去啄地面。生活就是一个不断找事做的过程,不管什么事都行,但就是下不了决心逼自己去做那件该做的事,这一点对鸟儿来说也一样。

在准备写(也就是还没写)这本书的日子里,我深入研究了关于这个主题的文学作品——我查资料并非出于勤奋,而是因为查资料是每个拖着不动笔的人最爱用的办法。在我看来,这和鸟儿去啄地面如出一辙。而我查到的数据每次都一样:我们中有百分之二十的人是习惯性拖延症患者;美国三分之一的大学毕业生自称患有严重拖延症;每个工作日,上班族都会消磨掉100分钟的工作时间。同时我也注意到,许多以拖

拖延进行时
一部关于拖延症的历史，从达·芬奇到达尔文到你我

延症为题的研究者都承认自己有拖延的习惯，作者谦虚地说自己"没有按时写下研究结果"，这在研究拖延症的学术论文中时常出现。

尽管如此，最令我震惊的是竟有如此多的人潜心研究拖延症。越来越多的学术期刊开始分析拖延症患者对经济，对公共健康，对集体的情绪活力所造成的损害。学校辅导员和人生导师为习惯性拖延的人们提供解决方案，书店的各个书架上也摆满了关于战胜拖延恶习的畅销书。拖延症最令人想不通的一点在于它竟然孕育了一个蓬勃发展的小产业，而且还让那么多人投身其中，忙得不可开交。

一些朋友误解了我写本书的意图。他们以为，我打算写一本心灵鸡汤，引用几个成功人士的成长故事，并且依据最新的社会科学调查报告总结出他们成功的奥秘，希望告知读者只要采纳书上提供的建议，你也能获得快乐、实现梦想、事业顺利。

但是，我对说服人们什么该做、什么不该做丝毫不感兴趣。老实说，我甚至没有打算要改掉自己拖延的毛病。我写书的目的不是改掉拖延的习惯，而是给拖延正名，为拖延辩解。我希望在查阅了足够多的历史文献和学术资料后，能够为

第一章 达尔文与藤壶

我习惯性的拖延找到托词或根据。我知道这种态度算不上积极，但对我来说，这种态度最为自然，最不矫揉造作。我对励志类书籍兴味索然：所有内容都与事业成功和个人提升有关。我若是真的想提升自己，早就那么做了。但是，我当然并没有这么做——至少现在还没开始，就这样吧。我要是早开始将提升自己付诸行动，兴许就不会对拖延这个话题这么感兴趣了。

*****

每次接到一项棘手的写作任务，我做的第一件事就是跑到浴室去刷瓷砖缝。我这么做并不是因为我需要一间一尘不染的浴室，也不是因为这类不费脑的体力活儿有助于我想出好创意，而是因为忙着擦瓷砖缝的时候，别人不会再指望我去做任何一件与烦人的写作有关的事了。毕竟，一个人能做的事也就那么多。

我需要分心、渴求自我干扰的心理由来已久。关于童年，我记忆最为深刻的便是在拖延了一整个周末后，周日晚上所面对的可怕局面：周一早上就要交的家庭作业一个字没

拖延进行时
一部关于拖延症的历史,从达·芬奇到达尔文到你我

写。现在,我明白家庭作业是做不完的。只是不知从什么时候起,我们不再称之为家庭作业,因为有人开始花钱让我们做了。然而,那种可怕的局面从未消失,至少我依然在面对。

人们普遍认为拖延是无法被辩护的。无论在历史上还是在文学作品中,爱拖延的人总被描绘得意志软弱、挥霍光阴、为人不齿。我们总是活在人们的质疑声中。哪怕是拖延症的惯犯也会觉得无所事事这个想法让自己很不舒服,可能也是出于这个原因,我们有时会把拖延称作"kill time"[1],这一习语把拖延症患者变成了杀人犯。一提到拖延症,人们总爱将它和犯罪、堕落挂上钩。18世纪的诗人爱德华·杨[2]称拖延为"光阴之窃贼"。19世纪散文家托马斯·德·昆西[3]的著作《一个英国鸦片服用者的自白》开创了成瘾回忆录这类题材的先河,也为他在道德批判领域奠定了不可动摇的地位。他把拖延称作"令人深恶痛绝的恶习"。他对这句话深有体会,因为他自己就是一个拖延症惯犯。编辑写信给他,说不论写什么都给他出版,哪怕当时急需用钱,他也从不回信。

---

[1] 英语习语,意为消磨时间。
[2] 爱德华·杨(Edward Young,1683年—1765年),英国诗人、剧作家、文艺评论家。
[3] 托马斯·德·昆西(Thomas De Quincey,1785年—1859年),英国散文家。

第一章　达尔文与藤壶

达尔文和德·昆西两人既是著作等身的作家，又是拖延症患者。写作过程中作家遇到了什么问题才会一拖再拖呢？我觉得没人会比一个患有拖延症的作家更了解拖延症患者的心思，因为这样的作家宁可拿自己的一切（事业、成功，以及不可更改的交稿日）来冒险，也要拖到不能再拖才开工。多罗西·帕克[1]曾解释说她交稿晚的原因是"有人把我的笔拿走了"。的确，我也认识一些没有拖延习惯的作家，他们渴望在某个年纪取得某项成就，不仅要取得成功，而且要尽早取得成功。然而，我更同情那些拖延症患者，那些大器晚成的人、拖拖沓沓的人，此书本身也是我不断拖延该做之事得到的成果。

这就是我用尽一生不想去写，而最终写成的书。

*****

拖延症早就不是什么新鲜事了。回顾历史，只要有事情亟待完成，你就能找到拖着不做的人。不管是文学、宗教、经济、医学还是军事领域，拖延的例子层出不穷。

摩西一定是个拖延症患者，因为他曾多次试图逃避执行耶

---

[1]　多罗西·帕克（Dorothy Parker, 1893年—1967年），美国幽默作家、批评家。

拖延进行时
一部关于拖延症的历史,从达·芬奇到达尔文到你我

和华下达给他的任务。古希腊诗人赫西俄德[1]在公元前8世纪创作的长诗《工作与时日》中警戒道:"不管是没将谷仓装满的懒惰工人,还是任何拖延工作的人,都不要把你的工作一天天地拖下去。"西塞罗[2]攻击对手马克·安东尼[3]时,曾说过拖延"令人厌恶",对于战士来说尤为如此。

《新约》中有大量劝人抓紧时间,不要拖延重要之事(比如悔罪)的警句。然而,就算圣人也难以做到这一点。希波的奥古斯丁[4]曾做了一件著名的事,他乞求上帝赐予他贞洁,可又说"但我现在还没做好准备"。

基督徒对于拖延的反感源于对永恒生命的渴望——一想到如果自己把乞求救赎一事拖得太久,不知何时死亡便会降临,把自己打入地狱遭受永世折磨。我从小受天主教思想熏

---

[1] 赫西俄德(Hesiod,公元前8世纪),古希腊诗人。被称为"希腊训谕诗之父"。
[2] 西塞罗(Marcus Tullius Cicero,公元前106年1月3日—公元前43年12月7日),古罗马著名政治家、演说家、雄辩家、法学家和哲学家。
[3] 马克·安东尼(Mark Antony,约公元前83年1月14日—公元前30年8月1日),古罗马政治家和军事家。
[4] 奥古斯丁(Saint Augustine,公元354年11月13日—公元430年8月28日),古罗马帝国时期天主教思想家,欧洲中世纪基督教神学、教父哲学的重要代表人物。

陶，导致我到现在仍饱受恐惧煎熬，觉得不及时修补纱窗的破洞似乎是一件道德败坏的事。

我之所以喜欢奥古斯丁乞求贞洁的故事，是因为这个故事恰如其分地表达了我的矛盾情绪。像包括奥古斯丁在内的所有拖延症患者一样，我总说："我还没做好准备。"在塞缪尔·贝克特[1]《终局》一书中，哈姆被问道："你相信未来的日子会好吗？"他回答："我的日子每天都一样。"

很多深度拖延症患者都对拖延症的历史一知半解，我不太懂他们为什么不去了解，因为深挖拖延症的漫长历史是一件永无止境、需要耗费大量心力的事，这不失为一个逃避去做该做之事的好办法。更棒的是，它能让拖延症患者觉得自己是在继承一份遗产，而非稀里糊涂地虚度光阴。拖延症患者正是通过这种方式将拖延合理化，让自己拖延得心安理得。

*****

所以，我们的问题到底出在了哪里？从亚里士多德开

---

[1] 塞缪尔·贝克特（Samuel Beckett，1906年4月13日—1989年12月22日），爱尔兰作家。

拖延进行时

一部关于拖延症的历史，从达·芬奇到达尔文到你我

始，思想家们便一直想知道人们为什么明知有些事对自己有益却不去做？为什么不好好分配时间，一步一步完成所有该做的事呢？为什么不把生活进行合理安排呢？

有一种答案是：这取决于你提问的对象。不同领域的人有不同的回答方式。我和心理学家、经济学家、牧师、哲学家都讨论过这个问题。几乎每个人都对拖延症有自己独特的理解。有人解释说，拖延症和身心、文化经历等都有关。我还听人说拖延症由基因决定，或是一种道德败坏的体现，或是意志力薄弱的体现，或是焦虑、抑郁的症状，抑或是认知系统超负荷接收大量刺激后产生的结果。

给拖延下定义是出了名的难。多数字典把拖延定义为将某个行动延后。但是我们大多数人都知道，拖延还有一层含义，即因为某件事从某种程度上说很艰巨，所以我们选择不去做——就好像我因为害怕钻头而迟迟不去看牙医，或是一个学生第二天就要交一篇10页的论文，却在晚上九点才动笔。有些人喜欢拖，而且哪怕拖延了，依然能保证工作效率。有人甚至声称拖延提高了他们做事的效率，正因为时间所剩无几，他们才会奋起直追。然而绝大多数专门研究拖延症的心理学家却

第一章 达尔文与藤壶

认为拖延症不仅仅是延后做事情，而是明知拖延会让情况变得更糟却依然选择一拖再拖。所以如果你觉得自己有正当理由推迟一项工作，那你并不是真的在拖延。

我做事能拖则拖，思考拖延却毫不含糊（事实上，思考拖延和拖延本身是一回事）——我发现拖延无处不在：缴税人在 4 月 15 日[1] 晚上才开始埋头填写 1040 表[2]；房主一直打算给屋子的后走廊上漆，但一拖就是好几年；病人拖着不去复诊……拖延的类型千差万别，但本质都是一样的。

我是自由职业者大军中的一员，光美国就有几千万像我这样的人：作家、编辑、程序员、平面设计师等，我们都或多或少享有安排自己时间的自由。那么，我们平时都做什么呢？我们什么都做，就是不做正事。我们可能会去看一场午后电影，或是悠闲地坐在咖啡店啜饮一杯贵得离谱的美式咖啡。如果实在无事可做，我们甚至会去锻炼。只要还没穷困潦倒、朝不保夕，我们就会做这做那，能拖一点是一点。拖延短期工作是要付出代价的。和很多拖延症患者一样，我总是惦记着还没

---

[1] 在美国，4 月 15 日是报税的截止日期。
[2] 即个人收入联邦税申报表。

拖延进行时
一部关于拖延症的历史，从达·芬奇到达尔文到你我

开始做的工作——比如还没动笔的书，或还没成立的互联网公司。我时常在做一种存在主义的估算，就是将我正在做的事和可能已经完成的事（或未做的事）放在一起评估。

拖延症饱受非议的一大原因是它也许会带人走上一条忤逆权威的道路。拖延者挑战权威，对规定的做事方法不屑一顾。因此，难怪拖延症常会招到强有力的反对。数千年以来，教会不断提醒众人拖延会玷污人的灵魂。如今，由于痴迷于生产力，我们所担心的是一个比灵魂遭受玷污更为可怕的后果：在经济和社会地位上落后。心理学家、生活教练和行动指南作家都在宣扬一种只有经理和人力资源部门的人才会喜欢的行为规范和评价标准。因此，如果把工作中受到推崇的进取心和高效率的部分列一张清单，那么我会这么开头：我之所以喜欢拖延，是因为它让无数人困扰；我之所以支持拖延，是因为有无数人反对它。1932 年，伯特兰·罗素[1]在其《闲暇颂》一文中严厉指责了"效率崇拜"。我也想为拖延症患者献上热烈的掌声，赞美他们反抗时钟的统治，赞美他们拒绝与墨守成规之人为伍。

---

[1] 伯特兰·罗素（Bertrand Russell，1872 年—1970 年），20 世纪英国著名数学家、哲学家、文学家、人道主义者。

第一章 达尔文与藤壶

但是——这里我本就该这么说的，是吧？这就是拖延症患者的一贯伎俩：他们总是试图给自己找到充分的理由。只要你拖得够久，你就会对找借口特别在行。我们善于欺骗自己，使得拖延症难以研究，难以诊断，甚至难以定义。但它依然值得我们深入思考——而非仅仅被当作拖延正事的策略。只要我们花一点时间思考关于拖延症的事儿，就一定会碰上一些基本问题：我们是否出于道德？我们是否一定要将生命里的每分每秒充分地利用起来？我们该如何在自主权和对他人尽义务之间达成平衡？我们又该如何协调自主权和完成永无止境的工作任务之间的关系？当所有信息和娱乐都似乎唾手可得的时候，我们如何区分哪些事值得去做、哪些事不值得去做呢？

哪怕你没有拖延症，也可以回答这些问题，这对缓解拖延的冲动，保持对拖延的警觉是有好处的。和其他的冲动一样，拖延让我恍若有了控制感，不管怎样，这种感觉能持续上一段时间也好，要不然在这段时间里我将会万分焦虑。就算这股让我们感到被控制的冲动最终会让我们的日常生活一团糟，搞得我们筋疲力尽也没关系。如果你打算拖延，就得让自己接受一些矛盾思想：我爱拖延，也恨拖延；拖延使我感到内疚，可我又不那么急着想停止拖延。

拖延进行时

一部关于拖延症的历史,从达·芬奇到达尔文到你我

* * * * *

  拖延界也需要英雄,我特别喜欢听别的拖延症患者不知羞耻、浪费时间的故事。如果此人恰好是一个功成名就的人,那就更好了。能知道一个拖延症患者走进了逃避工作、拖拖拉拉的阴暗森林后,依然有所成就着实是一件快事。这样的故事能让拖延症患者说:"看,这些人拖延着就成功了!"我喜欢收集这类故事。这些故事让我明白,拖延不仅仅是浪费时间,或是对主流社会秩序的公然冒犯,或是自找麻烦(尽管拖延可能同时包含上面三种情况),它还是一种人类的基本冲动,扎根在我们与生俱来的矛盾与焦虑之中,而且能够在日常的义务海洋中给我们指引方向。同时,这些故事证实了你们一直以来的猜测:即使是我们当中做事最有成效的人,偶尔也会犯拖延症。

  拖延又有何不可呢?作为蜜蜂,坚定不移、没日没夜地勤奋工作或许是很棒的,但这种辛勤未必适合人类。拖延的理由成千上万,有时我会觉得是老天故意让我拖延的。我中午出去办点小事时,一旦超过二十分钟,口袋和包里的各种设备会轮番嘀嘀作响。我会一一检查我的手机、平板、手表,看看是否有要紧事需要处理——但看信息就让我从那件小事中分心,而

第一章 达尔文与藤壶

这件小事本身又干扰了我做正经工作。可是,谁又能说工作不是干扰我做更重要之事的罪魁祸首呢?无论是从个人角度还是社会角度来看,谁又能说每日拼了老命去追名逐利不是一种可怜的幻想症呢?我倾向于认为答案是肯定的——在我不愿意工作的那些日子里尤其如此。

办完事回到家,我还可以进行一场虚拟的长途远足,在全景地图上翻越新西兰南岛的山岭。谷歌的卫星地图就能做到这一点。每走大约 160 千米,如果想休息我就会停下,随便在地图上找个酒吧或餐厅对准放大,然后从卫星的视角四处看看周围建筑。你会很惊讶地发现一个下午竟然能走这么远,同时一个下午的时间竟然能过得这么快。

达尔文当年还没有地理空间技术,而我则可以重走他当年散步的路线。他在肯特郡的花园周围铺设了一条砂石小道,长 320 米,道路两边种植着女贞、榛树、冬青。他每天都在这条路上散步,通常还会带着一两条猎狐狸[1]。这里就是他沉思的地方。但脚边有狗跟着,身边有小孩跑来跑去,周围有一望无际的草地和如画的乡村美景,他真的能静下心来在这样的环境中

---

[1] 猎狐狸,起源于英国的一种小型犬。

拖延进行时
一部关于拖延症的历史,从达·芬奇到达尔文到你我

沉思吗?对此我深表怀疑。达尔文的孩子们喜欢在小路两边的树林中玩"牛仔和印第安人"的游戏,把父亲堆放着记录散步圈数的石头偷偷藏起来捉弄他。天知道调皮捣蛋的孩子们让达尔文像一架在希思罗机场上空盘旋、等待空机位着陆的飞机那样绕着花园多走了多久。他的书最后还能出版,真可谓是一个奇迹了。

达尔文喜爱唐恩小筑,用他的话来说,这栋房子"极为安静且带着田园气息"。在这里,达尔文可以尽情在他终生热爱的树林中漫步。多亏了英国铁路系统和便士邮政的发展[1],达尔文还能在伦敦学术界占有一席之地。有时候这种联系对于达尔文来说太过密切。他对邮差每日带给他的像海啸般汹涌而来的信件,就如同今天我们对每日轰炸我们的电子邮件一样,极度依赖,却又深恶痛绝。倘若哪天邮差没有送来任何一封需要回复的信件,他会为终于能一个人好好静一静了而高兴地在日记中记录下自己的感激之情。

在矮林丛生的山谷中独自漫步,一直是达尔文将世界和工

---

[1] 便士邮政,一种不论路程远近,均收1便士作标准邮资的邮政制度,尤指在罗兰·希尔爵士的鼓动下,1840年于英国建立的制度。

第一章 达尔文与藤壶

作抛诸脑后的方式。他年轻时,父亲向他施压,让他选一份安稳的工作,比如做神职人员或者去医学院深造等,达尔文一个也没选。相反,他要求过段时间再决定。他告诉父亲他需要"一些时间来考虑",然后继续投身于所有英国绅士都热爱的乡村体育运动中去了——他喜欢的三种体育运动被他父亲斥为"打枪、遛狗、捕鼠"。在剑桥,达尔文喜爱穿着一身"运动套装",狩猎、骑马、饮酒,还"高唱欢歌"。对他来说,事业心完全不足以让他甘愿错过鹧鸪狩猎季的第一天。

拖延人生中的重大决定决不会博得世人赞许,达尔文的父亲警告他,再这样下去他会让整个家族蒙羞。我难免好奇,达尔文的拖延在多大程度上可以被解读为故意作对,是一种不向别人命令屈服的倔强坚持。若要列举拖延这一行为的优点,能让我们思考为什么要做正在做的事(或不再做某事)这一点肯定位列其中。当我推迟该做之事时,我通常在思考这件别人希望我做的事情是否值得去做。或许,达尔文也在思考类似的问题。

直到以一名"科研人员"的身份登上小猎犬号并与船长成为伙伴,达尔文才得到了对他来说重要的工作。后来,在成为

拖延进行时
一部关于拖延症的历史，从达·芬奇到达尔文到你我

一名伟人以后，达尔文也疑惑自己竟然拖了那么久，把父亲为自己安排好的各种生活都拖没了。他开始回想那些在剑桥与公子哥们一起消遣的日子。他承认："我知道我应该因虚度了那些时光而感到羞愧。"但实际上，达尔文并不感到羞愧。他觉得总体上来说那些思考自己该做什么，且穿着运动套装高唱欢歌的日子还是不错的。

经历了这么长时间的思考后，达尔文说，如果再来一次他还是会那么做。

第二章

心理学的"抗拖"之战

> 今日便让自己明智些吧,拖延乃疯狂之举。
> 到了明日,这致命的恶习还将延续;
> 明日复明日,拖尽了此生:
> 是延宕偷走了良辰。
>
> ——爱德华·杨格,《夜思录》

1933年夏,一个名为阿尔伯特·艾利斯的19岁孤独少年,不断尝试同纽约植物园中的女性搭话,约莫从这时起,心理学领域对拖延症的战争打响了。

如今,人们将艾利斯称为20世纪最具影响力的心理学家

拖延进行时
一部关于拖延症的历史，从达·芬奇到达尔文到你我

之一。但在 1933 年，他只是个名不见经传的学生，特别害怕与女性交谈。那时，艾利斯与父母同住在布朗克斯区，离植物园不远。他养成了一个习惯——坐在植物园的长椅上，幻想着自己能鼓起勇气接近在玫瑰丛中闲逛的女性，不论是谁都行。艾利斯特别希望自己能和她们相遇，与她们约会，甚至与其中一位结婚。

后来，艾利斯回忆道："当时无论我多么费尽心思说服自己，搭讪的时机已经成熟，没过多久我都会临阵脱逃，然后咒骂自己是个孬种。"

艾利斯为此感到心烦意乱，于是为自己安排了一项"家庭作业"。七月间，只要不下雨，艾利斯每天都去植物园，只要看到有姑娘坐在长椅上，就坐到对方身边，准备一分钟左右，然后开始和对方交谈。艾利斯没给自己留一点儿余地——不准找借口、不准打退堂鼓、不准忸怩作态。

他写道："我没给自己留下拖延、思考的时间，否则只会徒增烦恼。"

艾利斯成功了。那年夏天，他在植物园尝试搭讪了 130

名女性。其中，30名女性扭头就走，另外的100名女性则愿意和他聊天。出乎他意料的是，有一位女性真的答应和他约会——尽管最后爽约了。不论如何，艾利斯认为自己的试验成功了。他意识到，只要直面让自己手足无措的事（例如和女性说话），就能克服自己的焦虑。这次经历改变了艾利斯的一生。后来他说，"从某种意义上来说，心理学历史也从此改变。"

1913年，艾利斯出生于匹兹堡。父亲常年奔波在外，和他很疏远，而据他描述母亲是个"聒噪的话匣子，从不听取别人的意见"。艾利斯回忆，为了填补父母家庭责任上的空缺，他担负起了照顾弟弟妹妹的重任。艾利斯给自己买了个闹钟，这样他就能准时早起给弟弟妹妹穿衣服。艾利斯把自己想象成英雄人物。

1934年，艾利斯毕业于纽约城市学院，获商学学士学位。几次尝试出版小说均以失败告终后，1947年他取得了哥伦比亚大学教育学院的临床心理学博士学位。按当时的标准来看，艾利斯刚开始运用的心理治疗方法是极其保守的。他采用的是经典的精神分析法——让患者躺在诊疗台上做梦、幻想、自由联想，然后给他描述梦境，他借此努力找到患者患病的潜意识根源。但是，艾利斯自己由于无法诊断出患者的病因而变得越来越沮丧，他似乎天生就不擅长这种漫长而艰难的治疗方法。于是，他开始宣扬一种更具动态的疗法，"积极主动地去解决问题，而不是坐等奇迹发生"——这句话见于他为威廉·克瑙斯所著的《终结拖延症》一书撰写的前言中。艾利斯以自己克服害怕同女性谈话的办法为基础，建立起一套治疗方法来纠正会弄巧成拙的错误观念，他称之为理性行为疗法（REBT）。

20世纪50年代末，艾利斯开始向别的心理医生传授他的新疗法。他抓住了一个好时机，因为很快弗洛伊德的精神分析疗法一家独大的状况就要被颠覆了。接下来的几十年间，弗洛伊德的精神分析学说广受质疑。诺贝尔奖获得者生物学家彼得·梅达瓦称精神分析学为"20世纪最自以为是的大骗局"，这道出了大家的心声。

艾利斯则更是直截了当地说："弗洛伊德满嘴喷粪。"艾利斯从不会花上数年时间让患者躺在沙发上与他交谈。他开的处方就是"忘了不堪的过去"，并且行动起来。他说，所谓神经官能症，不过是把"'哭闹'说得更文绉绉一点"罢了。那些想要深挖自己童年创伤的人都是"巨婴"。

随着艾利斯的影响力越来越大,他的追随者们开始狂热地效仿他的自助法。其中,有些人为了达成心理上的完整(也可能是为了约会),重演了当年艾利斯在植物园的场景,不管不顾地跳到毫无防备的女性面前搭讪。除了教人调情,艾利斯最大的贡献应该是给心理学的实践注入了紧迫感和行动力。19岁时,艾利斯要求自己,"别多想,否则只会徒增烦恼",从而克服了怕羞的毛病。在他的整个职业生涯中,艾利斯为自己塑造了一个意志坚定、精力充沛的形象,在他看来,耍嘴皮子不如立即行动,思前想后不如努力尝试。

认知行为疗法(CBT)是当代主流的心理疗法。而艾利斯的理性行为疗法(REBT)便是认知行为疗法的源头之一。在近几十年中,如果你因为失眠、抑郁、焦虑、药物滥用、社交障碍等问题寻求帮助,那你很可能会通过CBT有所好转。CBT用于发现有害的行为倾向和自我摧残的想法,并根除这种毫无益处的思维。这样看来,艾利斯及其他(如阿朗·贝克)认知行为疗法的先驱者会广受推崇也就不足为怪了。他们提出的新疗法与价格不菲、方法复杂、回访无数次的传统心理疗法相比，不仅操作方便，而且价格低廉、浅显易懂。传统疗法要求病人花数年时间谈论自己的童年、做过的梦和隐藏的欲望，而新疗法只需病人完成一系列治疗手册上的任务，同治疗师进行几次精心设计的谈话，就能得出结果。

运用认知行为疗法的心理医生喜欢将这种疗法描述为"以解决问题为导向"。的确，CBT治疗手册上的清单、目录、自我检测、问卷调查都简单利落，有一种高效的感觉。这是一种几乎肯定会受到工商管理学硕士欢迎的疗法，因为它确实高效。

*****

但凡有人找寻与拖延症有关的文学作品，就会发现保罗·瑞根贝茨的《代代拖延：拖延症权威史》这本书的观点被引用了很多次。然而，当你想找这本书的时候，会发现很困难，因为它根本就不存在。这就是出版圈内的一个玩笑，是一个恶作剧：因为没有哪个有拖延症的作家能动笔写成一部有关拖延症的权威历史。

尽管如此，威廉·克瑙斯在《终结拖延症》一书中依然

第二章　心理学的"抗拖"之战

对这本并不存在的书籍提出了批评，好像他经过了深入的思考。他写道："该书的调查很有意思，但没把重点放在解决问题上。"抛开参考文献引用错误不谈，克瑙斯有一点说得没错，即在《终结拖延症》出版之前，缺少讨论如何"解决问题"的书。《终结拖延症》首先向拖延宣战，并提出战胜拖延的策略，之后又诞生了许多与之类似的书籍。尽管《终结拖延症》影响深远，但从现在来看，这本书有不少问题。书中充斥着大量20世纪70年代流行但现在看来不合时宜的陈词滥调。比如，我并不确定书中提到的"自我贬低"是什么意思，但这个词确实开辟了一个时代。克瑙斯还有一种稀奇古怪、令人沮丧的习惯，就是通过拉长单词来表示强调："你最好在生活中找点麻——烦！""想要得到转变，必须付出巨大努力，培养一种长期乐观的心态。没错，努——力！"

在《终结拖延症》一书中，克瑙斯布置了一些家庭作业，这些作业和艾利斯当年为了战胜与女性交谈的恐惧时给自己布置的作业异曲同工：一旦拖延，就惩罚自己做不想做的事（书中举了一个例子：每拖延一次，就给三K党[1]捐50美元）；

---

[1] 三K党（Ku Klux Klan，缩写为K.K.K.），一个奉行白人至上、歧视有色族裔主义运动的民间排外团体，也是美国种族主义的代表性组织。

拖延进行时

一部关于拖延症的历史，从达·芬奇到达尔文到你我

或建立一个针对及时完成该做之事的奖励制度，让自己能够"自然而然地"去做之前一再拖延的事。在随后的几十年里，这类策略在研究拖延症的经济学、心理学文献中频繁出现。

《终结拖延症》和随后出版的同类书籍像完成组织工作一样，都是用系统的方法来处理拖延症。这种有条不紊的方法自有它的迷人之处，甚至让人无从抗拒。谁没梦想过能实现自我价值呢？谁没发过誓要认真起来、全力以赴，定下运动目标，坚持做仰卧起坐呢？对于我们大多数人来说，如果把不断尝试自我提升，又一一放弃的经验汇集成册，都能装满一座小型图书馆。驱策和拖延都是我们天性使然，这二者就像是双胞胎。可是一直以来，我对这些系统方法心怀疑虑，即认知行为疗法治疗手册上的练习、自我检测、个性化目录、目标陈述等系统方法。从治疗手册说起，有哪个成年人会愿意去做练习题啊？这就像让他们去完成小学一年级的拼写题一样，是对他们的侮辱。练习题这种东西是给未成年的小孩子用的——他们用铅笔在试卷最上端用笨拙的字体歪歪扭扭地写下自己的名字。坐在整体式书桌旁，弯着身子做练习，书桌盖能抬起来，不让老师看见他们在做什么。但是人过了一定年纪（应该是18岁吧？）就无须再做基础的练习题了。

说得更确切些，多数有关自我提升的方法都存在一个共同的问题，即它们对于太多把生活弄得一团糟的事物——比如一件件扑朔迷离的琐事、一次次冥思苦想、一个个未被满足的渴望——都毫无办法。对艾利斯而言，拖延背离人们所期望的行为规范，是失败的表现。再加上艾利斯把自己视作英雄，根本无法忍受拖延，并把拖延等同于"极度怯懦"。艾利斯参与编写的《认知行为治疗手册》对想要拖延的念头与倾向拖延的思维方式提出质疑，从而抨击拖延行为。当惊慌失措的飞机乘客、战战兢兢的演讲者、执拗的拖延者受到质问："你有哪些证据来支持你的思维方式？难道没有其他更健康的思维方式吗？"虽然这些都是常识，但是任何一个拖延症患者，任何一个惊慌的飞机乘客都会给出这样的回答：他们的思维方式已经根深蒂固，即便是常识也无法轻易撼动。

*****

我能想到试图向乔·法拉利讲述我对拖延症的热爱从一开始就困难重重，仿佛预约了家庭医生，跟他商量你打算每天多抽两包烟一样。

拖延进行时

一部关于拖延症的历史,从达·芬奇到达尔文到你我

法拉利是德保罗大学的教授,在拖延症研究领域的著作和研究成果之多,这世上大概无人能比肩。查阅与之相关的文献,你就会发现乔·法拉利这个名字出现得有多么频繁。

当我决定写一本与拖延症有关的书时,法拉利就是我第一个联系的人。我看过他写的一本关于拖延症患者战胜拖延习惯的行动指南,所以我觉得法拉利会告诉我他治疗拖延症的方法有多么管用。他答应来纽约的时候和我见一面。我和他约好,到时候我会开着我那辆老旧的丰田卡罗拉去机场接他,然后送他去他想去的地方。我们在机场碰面时,法拉利的一只胳膊下夹着马克斯·昂加马尔的《论守时、准时、近代加尔文主义早期的自律》,他把这本书送给了我。收下礼物后,我暗忖,法拉利是否发觉我晚到了一小会儿。

我们计划开车去伍德赛德的一家餐厅,离这里不远,干净卫生,夹在两座公墓和布鲁克林至皇后区的高速公路之间。他虽然不是本地人,却似乎比我更了解开车的最佳路线。所以,一路上,哪个路口该转弯,什么时候该变换车道,还要往前开多远,我都听他的。车子穿梭在皇后区的这段时间,他开始和我分享他了解的关于拖延症的知识。

第二章 心理学的"抗拖"之战

指路间隙,法拉利说:"我把拖延症患者称为'老磨'。他们通常都很聪明。他们必须得聪明,这样才能不停地编出说服自己的借口。"

法拉利一直以来都在撰写、讨论、教授有关拖延症的内容,他研究拖延症已有很长一段时间,理所当然地形成了自己的一套理论。我很欣赏法拉利,钦佩他对拖延症的研究热情,但在我们初次见面期间,有时我觉得他会将别人拖延的行为,尤其是我的拖延行为当成是对他个人的侮辱。

法拉利是从 20 世纪 90 年代开始对拖延症产生兴趣的,当时他在纽约阿德菲大学攻读心理学研究生。在一次关于自我挫败行为的课堂讨论上,他向一位教授请教,询问之前是否有学者把拖延症作为一种自我设限策略来进行研究。教授让法拉利自己去图书馆找答案。结果,法拉利被自己的发现震惊了。

法拉利说:"这方面的研究一个都没有,充其量只查找到认为拖延症是写作的障碍之类的文章。"发现拖延症和自我设限行为这个领域有很大研究空间之后,法拉利就将其定为自己的研究方向。他解释道,自我设限即自我挫败的一种方式,原因可能在于害怕搞砸某事或害怕做成某事。有自我设限倾向的

拖延进行时
一部关于拖延症的历史，从达·芬奇到达尔文到你我

拖延症患者会拖延自认为力所不能及的工作。他们之所以这么做，除了这份工作让他们手足无措，还有一点，即拖延行为能在失败面前为他们撑起保护伞。一旦失败，他们就会说那是因为自己没有全力以赴、因为自己在最后一刻才动手、因为秉持了"去他的吧"的态度。拖延行为让拖延症患者在面对失败时找到了借口，如果未能完成任务，拖延行为难辞其咎。

"这是人们避免焦虑的一种方法。"法拉利对我说，"习惯性拖延症患者宁愿别人觉得他不上进，也不愿别人觉得他没能力。"

可见"老磨"是一个值得研究的课题。但是当法拉利第一次在学术会议上展示自己以拖延症为课题的论文时，却大失所望——因为拖延症并没有被当作一个正经的研究方向来对待，他一次次听别人半开玩笑地挪揄自己所选的研究课题。在一次会议上，主办方通知法拉利他的报告得安排在最后，并对他说："你知道的，因为你研究的是拖延症。"直至今日，法拉利依旧不愿意告诉刚认识的人——比如国际航班上邻座的人——他是研究拖延症的。法拉利不想听别人借此开玩笑："你有没有听过这个有关拖延症患者的笑话呀？我一会儿再讲

给你听哟……"他告诉我收音机里总有一些冒牌的生活教练爱拿拖延症开玩笑,并戏谑它的不是,但他并不觉得好笑。

"这并不好笑,而且毫无益处。"他说,"你真该看看我收到的那些邮件。一群人正因为拖延而痛苦不堪,这种习惯真的有害。"

法拉利研究拖延症已经超过 25 年了,他致力于开拓一个受人尊敬同时也名副其实的研究领域。他见证了拖延症研究不断成熟,成为一项学术科目的过程。他是新学术浪潮的领军人物,和艾利斯一样,在临床观察中引入了社会科学数据。1999 年,法拉利参加了第一届拖延症研究者的国际会议,如今该会议半年就召开一次。1999 年那次会议在德国举行,有 12 名学者出席。而最近一次会议于 2019 年举行,地点也是在德国,与会学者多达 180 人。

如今,参与这个领域研究的人员已经不仅仅局限于心理学家,神经系统科学家、遗传学家、行为经济学家等也加入了进来。纽约城市大学布鲁克林学院的劳拉·拉宾在 2011 年的一项研究中,从神经心理学角度出发,发现拖延的习惯与大脑执行功能联系紧密。执行功能和规划、自控有关,由大脑额叶控

拖延进行时
一部关于拖延症的历史，从达·芬奇到达尔文到你我

制。谢菲尔德大学的弗希雅·西罗伊斯认为拖延症不利于健康和幸福。而科罗拉多大学的研究人员在 2014 年的一项研究中指出：从基因角度来看，拖延和冲动彼此相关，并且拖延的倾向会遗传。和其他的学术领域一样，这个观点引起了争议。倘若你想在一群拖延症研究者间引起激烈的争论，只消问问他们，拖延症到底更关乎缺乏时间规划的能力，还是情绪失控？你的目的马上就能达到。

法拉利的观点更倾向于后者，他认为："对一个习惯性拖延症患者说'去做就对了'，和对一个抑郁症患者说'嘿，加油，振作起来！'没什么两样。"

他说："为了了解拖延症，你应该关注拖延症患者的内心而非他们周围的环境。你只要这样做了，就会发现拖延症的根源在于无法控制自己的情绪和情感。"人们之所以会拖延，是因为他们觉得要做一件事得要有做一件事的心情。他们一厢情愿地认为自己将来心情会改善，工作迟些做质量会更好。我们之所以拖拖拉拉，是因为我们总是试图将自己的心情调整到适合工作的那种状态：我现在先打个盹，待会注意力会更集中；现在先发条微博，为之后的写作热热身。

在研究中，法拉利一次又一次地发现拖延可以被我们拿来用作应对焦虑或在面对不好结果的时候保护自己的手段。问题是，尽管拖延症患者试图自保，最终却会事与愿违地自毁。法拉利和黛安·泰斯一起进行的一项研究表明，同一场考试，当大学生们得知这场考试对评估自身能力至关重要时，往往会拖延；相反，如果得知这场考试毫无意义，只是考着玩，他们反而不会那么拖。也就是说，考试越重要，拖延越严重；考试越不重要，他们反而不会拖延。只有碰到需要他们努力的时候，拖延症患者才会拖着，处境越是艰难，拖延症患者越要不顾一切地保护自己。矛盾的是，他们保护自己的方式是避免太过努力。

我从自己身上验证了这一点，这种拖延习惯源于情绪、焦虑或抑郁。我曾在笔记本上摘抄过一句作家罗伯特·汉克斯的话，这句话让我印象深刻："我之所以会拖延，是因为大多时候我都深陷于恐惧与悲伤之中。"

阅读法拉利著作的过程中，我注意到了另一位理论心理学家——提莫西·皮切尔。他指出，拖延症患者与其选择任由心情主宰行动，倒不如用行动来塑造心情。着手去做一件你一直

拖延进行时

一部关于拖延症的历史，从达·芬奇到达尔文到你我

试图拖延的事会使你心情变好。事实上，这也是唯一能使你开心起来的办法。但我很清楚，问题在于这可能也是你决不会去做的一件事。

事实上，我可能就是如此：当我在桌前坐下准备写书时，会觉得特别需要为自己煮上一壶咖啡。为了煮咖啡，我便得去一趟厨房，而一到厨房，我免不了注意到角落里的坏灯泡。倘若要换灯泡的话，我就得出门去一趟街角的小店。但我可不能出去，我还要写书。况且，那家街角小店与一家卖百吉饼的店铺相邻，那里的百吉饼相当美味，而咖啡和百吉饼又是绝配。而且还有一家书店坐落在街角小店和百吉饼店附近，在那里读读诗集文选或许能激发我的写作灵感。

尽管我是在引导自己钻进精神上的死胡同，但我依然知道这是在自欺欺人。但这问题不大，工作能把我拉回正轨，可有时我却会想方设法逃避工作。

*****

在关于自我设限的研究中，有一份研究影响深远，但这份研究与拖延症毫无瓜葛。1978 年，在一篇名为《通过自我

设限策略所做出的自我控制归因：酒精与失败的诱惑》的论文中，爱德华·琼斯和史蒂芬·贝格拉斯指出，滥用酒精可以被看作是为失败找借口，因为人们试图借助醉酒来保全面子。他们写道："使用这一策略的人们通过发现或设置障碍的方式，使自己难以表现良好，从而巧妙地保全了他们的自我优越感。"

贝格拉斯说，他对这一冲动有着切身的体会。他在高考前尝试嗑药，而之前大家都觉得他能在高考中取得优异成绩。其实毒品只是个借口，贝格拉斯通过这种方式一方面降低了他人对自己的期望，另一方面又能让他继续觉得自己是很聪明的。他在模拟考中获得的高分为他这样的想法埋下了种子。

拖延症患者也采用了相同策略——我们故意让自己非常难以获得成功，从而维护自己的自信心。这仅是拖延症患者古怪逻辑中的一种。而你一定会惊讶地发现，如果想拖延，理由其实有成千上万种。

或许因为我是个完美主义者，担心自己的美好期望落空才拖延。

拖延进行时

一部关于拖延症的历史，从达·芬奇到达尔文到你我

或许因为我习惯找借口，料定结果不尽人意，才一再拖延，为失败开脱。

或许因为某个工作是需要公开去做的，而我害怕别人对我评头论足才拖延。

或许因为我讨厌别人要求我按时完成任务，所以才迟迟不做老板、伴侣、信用卡公司或其他人要我做的事。

或许因为我在等待事情拖到最后一刻，在肾上腺素作用下效率大大提高的状态。

或许因为我觉得工作太多，不堪重负。

或许仅仅因为我觉得要做的事令自己无法忍受。

更复杂的是，即在某些方面（如做好本职工作）我可以算得上极为认真负责，但在做家务方面，我却一拖再拖。我很喜欢一个理论，或者说是我自认为很有道理的一句话：你可以把拖延当成一场必不可少的仪式，当成完成某件事时的必经之路。和其他仪式一样，拖延之所以吸引我们，因为它能够潜移默化地让我们觉得自己能够在这个混乱不堪、难以掌控的生活

中多多少少还有点控制力。

事实上，我发现自己所接触的所有有关拖延的解释都颇有几分道理。心理学家皮尔斯·斯蒂尔认为拖延的关键在于我们普遍偏爱当下，而非无法控制情绪。在他的书中，我划出了这样一段话——"拖延的主要原因是我们认为当下是具体的，未来是抽象的。"我对这句话感触颇深。我认为几乎所有理论都有一定道理。哪怕有些理论相互冲突，我依然觉得它们言之有理。阅读拖延症文献的过程，是我从许多的诊断中认识自己的过程。

但我仍在拖延。

******

不久前的一天早晨，我像往常一样，迷迷糊糊地伸手去拿我的笔记本电脑。而笔记本电脑跟我开了个玩笑：屏幕上赫然出现了一条解释高效能人士7个习惯的文章链接。我合上笔记本电脑，再次一头扎进枕头里。我从未读过那篇文章里的7个习惯，但是我敢打赌，在床上打个滚，再睡一个回笼觉绝不在其列。

拖延进行时
一部关于拖延症的历史，从达·芬奇到达尔文到你我

我用不着点开出现在我眼前的钓鱼新闻就能清楚地知道当下经管类语言是如何定义自我提升的。机场的小书店和如病毒般扩散的视频都在鼓励我们成为一个更高效、更准时的人，并对我们的个性和癖好横加指责。

我记得自己曾试图向法拉利解释，为什么我对以上司式命令的口吻宣扬自我提升的态度保持怀疑。但凡有独立思考能力的人，不都会打心底抵制这种喋喋不休地劝我们变得更快、更好、更规范的声音吗？

"对，这就是我们所说的逆反心理。"法拉利告诉我，"就好像是你说的'如果你让我这样做，我就偏要和你对着干'"。

"但是我这辈子最有趣的一些经历，就发生在我做自己不该做的事的时候。"我反驳他。法拉利看起来对我的话有点吃惊，但我继续说道："我是说自己做选择。你难道不觉得拖延、婉拒、延期等也是人们主动做出的选择，是一种塑造自我的方式吗？"

不，法拉利并不同意。

"听着，拖延可是有代价的。"法拉利说，"拖延会导致经

济上的损失，这毫无疑问。但此外，对个人也会造成巨大损失。人际关系、自我价值都会受到影响。人生苦短，你有做出任何不同凡响、改变世界的事吗？"

我并不想用自己对这个浩瀚宇宙做出的微薄贡献来反驳他，所以我一言未发。但后来我想到一个每位拖延症患者都知道的道理：有时，你为了拖延某件事而去做了件别的事，而你所做的那件事恰恰是你做得最棒的事。

我不确定社会科学领域的研究人员是否会对类似的矛盾现象做量化统计。我希望自己是一个独特的个体，而不是被自然科学或是社会科学领域的研究人员看成某一类型人中的典例。对我来说，拖延症不易察觉、受情绪影响、神秘莫测、令人捉摸不透。而从这一点来看，我觉得自己的确是典型的拖延症患者，我知道如何将自己的拖延习惯合理化。

琼斯和贝格拉斯似乎也有这样的想法，他们写道，我们所有人都"需要某种含糊不清的状态，为维持自我美化的幻梦腾出空间"。

弗洛伊德发现拖延症患者内心矛盾不已：他们一方面到医

拖延进行时
一部关于拖延症的历史，从达·芬奇到达尔文到你我

院向医生寻求帮助，另一方面又竭尽所能避免让医生帮助自己。对于想要妨碍医生分析自己的患者而言，拖延一直是他们最喜欢的手段。比如你和医生预约了50分钟诊疗时间，你在大多数时间里都在聊一些无足轻重的琐事，只在最后一分钟（如果聊完琐事还有时间的话），你才会提出你真正想要讨论的问题。你只要想想被分析之人的立场是那么的岌岌可危——可能处于躺倒的状态，从某种意义上正在接受手术——就不难理解他们一拖再拖了。再等等，我还没准备好。

但精神分析师自己也可能拖延。法国精神分析学家拉康·雅克[1]想要控制治疗的节奏，于是发明了臭名昭著的"简短治疗"，即猛然打断毫无防备的患者的自我剖白，打发患者走人。他的"简短治疗"有多短呢？这由他自己决定。在拉康所著《拉康·雅克：知识界英豪之死》一书中，他治疗过的一位患者斯图尔特·施奈德曼描述了拉康是如何终止治疗的：他直接站起来，宣布今日的治疗结束，而那时施奈德曼才刚刚开口。

---

[1] 拉康·雅克（Jacques Lacan，1901年4月13日—1981年9月9日），法国作家、学者、精神分析学家，也被认为是结构主义者。

突然结束治疗颇有成效，至少拉康是这么想的。他希望患者好奇：我到底说了什么才让医生早早地打断我？这一疑惑会在两场治疗的间隔中萦绕在患者心头，待下一场治疗来临时，谈话的时机便成熟了。

这样也会造成其他问题，比如：患者可能会想，既然我只接受了五分钟的治疗，我还有必要支付一个小时的费用吗？记录显示，拉康似乎并不怎么关心治疗费的问题。施奈德曼仍记得，拉康坐在办公桌旁，一边进行治疗一边数支票的场景。

我对拖延症愈加着迷，我猜拉康是不是发现了拖延症先前未被发现的魅力。当拉康的同事让惴惴不安、毫无准备的患者在治疗室里浪费时间时，拉康却把拖延作为一种治疗手段。他通过打断患者猛然结束（实际上也就是拖延）治疗让治疗更有效。

这个故事使我愈加认清一个事实：不论你多么强烈反对他人的拖延，你总能给自己的拖延找到一个合适的理由。

第三章

圣人、乌鸦、诗人、神父

> 我们现在开始工作吧。哎呀,已经太晚了。
> ——埃德加·爱伦·坡[1]《反常之魔》

公元 4 世纪,亚美尼亚的一条路上发生了一个故事:一位罗马百夫长遇到了一只会说话的乌鸦。百夫长本来已经决定要加入基督教,而现在,这只能言善辩的乌鸦开始劝阻他不要鲁莽行事。乌鸦给他出了个主意:迟些时候再皈依,再花上大约一天的时间仔细考虑。

---

[1] 埃德加·爱伦·坡,(Edgar Allan Poe,1809 年—1849 年),19 世纪美国诗人、小说家和文学评论家,美国浪漫主义思潮时期的重要成员。

拖延进行时
一部关于拖延症的历史,从达·芬奇到达尔文到你我

而百夫长却没被劝服。他执意要立刻成为基督徒,开始新生活。

事实上,这只乌鸦是前来诱惑他的魔鬼的化身。意识到这一点后,这位百夫长——他后来被人们尊称为圣依伯狄德(也是拖延者的代言人)——做了件惊天动地的事:他把这只会说话的乌鸦踩死了。[1]

我刚开始研究拖延症的时候就了解过圣依伯狄德。尽管我从小作为天主教徒被抚养长大,在天主教学校里接受教育,读过数不胜数的圣人生平事迹,但我却从不知晓竟有位圣人为拖延症代言。但这还挺有道理的。任何饱受负罪感折磨的拖延症患者都深谙因为拖延而提心吊胆的滋味。我会不会错过自己时常视而不见的最后期限?我会不会因为太晚准备而考试不及格?在圣依伯狄德的故事里,拖延的风险提高了,其代价也随之飞涨。对圣依伯狄德而言,拖延意味着拿灵魂冒险。圣依伯狄德和乌鸦的故事让拖延成了攸关宗教信仰和死亡的大事。

我对圣人和会说话的乌鸦的故事思考越多,就越觉得自己

---

[1] St. Expedite 圣依伯狄德,罗马时期基督教殉教者,Expedite 意即"立刻派送的圣人"。

第三章 圣人、乌鸦、诗人、神父

日常的拖延习惯因此披上了一层神秘的色彩。他让我觉得自己也似乎崇高了起来。在圣依伯狄德当时的境遇中，拖延象征着现世与永恒、贪婪的肉体与岌岌可危的灵魂之间最基本的矛盾，这似乎是追求自我辩护的拖延症患者能想到的最有力的开脱。

在大西洋的留尼汪岛上，信徒纷纷在路边建起粉刷成亮红色的祭坛，并摆上圣人的小塑像，用以纪念圣依伯狄德。这些塑像还是为代祷和交易而精心设计的契约的一部分。契约是这样的：你祭拜建在路边，置有圣依伯狄德塑像的祭坛，表达对圣依伯狄德的敬意，然后请求圣人帮你完成心愿。倘若在祭拜圣依伯狄德后，你的祈祷没有灵验，那么，就按照当地的传统将塑像的头颅砍掉。因此，留尼汪岛上随处可见无头的圣依伯狄德塑像。

而在巴西圣保罗，情况又稍有不同。圣依伯狄德节当天，信徒们会聚集在教堂圣坛留下当场写下的祷告条，祈求圣人的帮助。（圣依伯狄德节于每年 4 月 19 日举行，前几天正好是美国拖延症患者另一个重要的日子——报税日。）

而在美国，对圣依伯狄德崇拜最集中的地区是路易斯安那

拖延进行时

一部关于拖延症的历史，从达·芬奇到达尔文到你我

州，那里的祭祀习俗糅合了天主教和伏都教的特点。而对圣依伯狄德崇拜最狂热的莫过于新奥尔良地区。在新奥尔良，向这位千百年前的百夫长祈愿的印制卡片随处可见。前面两句话讽刺意味太过明显，无须我明说：不知为何，你只有去到美国声色犬马、川流不息的首都逛上一圈，才能真正理解"守时"成为一种信仰的基础。

"圣依伯狄德啊，
高尚的罗马青年及殉教者，
你总能很快做完事情，
你从不拖延，我向你寻求帮助……"

或，

"圣依伯狄德啊，你为见证信仰而殉难，行事良善，今日事今日毕。

直到生命的最后一刻，你也不曾虚度，一直在朝着前方行进。

圣依伯狄德，让那些不曾回头、不曾拖延的人更为坚定吧。"

第三章 圣人、乌鸦、诗人、神父

圣依伯狄德最令人敬佩之处在于，他激发了人们前所未有的宗教热情。天主教会权威承认，圣依伯狄德的故事取材于神话故事和民间传说，几乎毫无真实性可言。然而，早期教会将圣依伯狄德定为四世纪天主教布道活动的核心人物，用他来宣传其不拖延的教义，劝说异教徒早日皈依，不然拖得太晚就不能得救了。

* * * * *

如今，最著名的圣依伯狄德雕像坐落于新奥尔良法国区边上的一座小教堂内。这个地方破陋不堪，大街上酒气冲天。圣依伯狄德的雕像被放在教堂后面，只占了小小的一块地方。我坐飞机前往新奥尔良参观这位圣人的雕像时，发现一些纸条散落在雕像底座，上面都是祷告词。人们来到这座教堂，向圣依伯狄德祈愿，希望圣人助自己一臂之力，解决火烧眉毛之事或寻求别的一些帮助——比如戒酒或者逃避法律纠纷，当然，还有让自己不再拖延。

我听说，当地有一个风俗，即信徒会在圣依伯狄德的雕像

拖延进行时

一部关于拖延症的历史,从达·芬奇到达尔文到你我

旁献上一磅蛋糕[1],作为供品。但那天,我却没有从写满祷告的纸条中发现蛋糕的踪影。老教堂诡异阴森,烛火摇曳,一个念头闪过脑海——会不会是圣依伯狄德显灵把供奉的蛋糕给吃了?

结果事实并没有那么神乎其神。清理圣依伯狄德雕像旁的蛋糕等贡品的工作由教堂的牧师安东尼·瑞戈里负责,当地人称他为托尼神父。尽管清理贡品和托尼神父的职责相去甚远,但我觉得他只是做了该做的事。托尼神父是无玷圣母献主会的一员,该修会致力于向穷人布道。作为教堂的牧师,托尼神父顺理成章地肩负起了保护北美赫赫有名的圣依伯狄德圣地的重任。

斋戒狂欢节[2]前一周的一个下午,我和托尼神父约好见面。中午刚过,我从酒店走到教堂。途中我得以目睹喝得醉醺醺的游客在人行道上七倒八歪的场景,这俨然已成为新奥尔良

---

[1] 指用面粉、黄油、食糖和鸡蛋各一磅(约0.45千克)制成的蛋糕。
[2] 斋戒狂欢节是新奥尔良传统节。狭义的狂欢日(Mardi Gras)的意思是"油腻的星期二",广义的狂欢节(Carnival)则从圣诞节后"第十二夜"开始,止于"油腻的星期二",长达个把月之久。最后的星期二既是高潮,又是终点。午夜一到,一切狂欢活动都得停止。过后就是长达四十多天的斋戒期,直到复活节才能解禁。

第三章 圣人、乌鸦、诗人、神父

的一道风景。每年这时，斋戒前狂欢的气氛会越来越火热，直至达到高潮。整座城市沉浸在纵情享乐的氛围中。

在这场湿热天气里的纵情狂欢中，壁垒街上这座不起眼的小教堂就成了一处阴凉的避难所。我和托尼神父约定在教堂小礼品店见面。在这个小礼品店里，游客们可以浏览各种商品，如祈祷书、圣牌和祈祷卡片等——有点类似虔诚教徒会去的巴诺书店[1]。在等候托尼神父时，我拿起一块印有圣依伯狄德的白镴小圣牌和一张写有现成的祷告词的祈祷卡片："借由圣依伯狄德替我们对主耶稣祈祷，使我们能在恰当的时机一往无前、信守诺言、敏捷果断。阿门。"

14年前，托尼神父来到教堂任职，此前他并没有听说过圣依伯狄德。后来他开始在这座教堂里工作，很快便习惯了在壁垒街来来往往的观光车上导游向游客介绍的圣依伯狄德的故事：19世纪的某一天，新奥尔良的一所教堂收到了一个神秘包裹，里面有一尊身份不明的圣人像。因为包裹的备注栏里只写了"圣依伯狄德"几个字，人们便以此来给这位神秘的圣人

---

[1] Barnes & Noble（NYSE: BKS）是美国最大的实体书店，全美拥有将近800家店面，公司亦是全球第二大网上书店，仅次于第一名Amazon（亚马逊）。

拖延进行时
一部关于拖延症的历史，从达·芬奇到达尔文到你我

命名。不过这个故事托尼神父是很少讲的。

托尼神父在硬白领外面套着一件新奥尔良的圣人毛衣，虽然头发花白，但他衣着整齐，整个人充满活力。他在礼品店找到了正在闲逛的我，向我做了自我介绍。为圣徒队（这是橄榄球队名，不是宗教里的圣人）加油打气是托尼神父为融入当地文化所做出的妥协之一，对一个从小到大都是水牛城比尔队粉丝的人而言，这可不容易。新奥尔良对文化和信仰独特的糅合使得人们对各种奇怪的组合格外包容。在新奥尔良，一些圣依伯狄德最虔诚的信徒甚至根本不是天主教徒，他们信仰伏都教。有时，他们会来教堂礼品店买些黑蜡烛，供仪式所用。

我问他是否相信为圣依伯狄德留下一磅蛋糕是个实现愿望的好方法，神父望向天空。

"人们对这些祭品持怀疑态度，因为这和迷信只有一线之隔。"托尼神父澄清道，"我不认为圣人会回应这些祷告，不过我相信耶稣会这么做。当我们让某个人为我们祈祷时，我们真正想要的是得到他的支持。我们都想感受到那份支持。所以这些祭品其实是我们献给自己的。不过我想主应该有更重要的事情需要他去操心。"

第三章　圣人、乌鸦、诗人、神父

*****

我从小受天主教文化浸染，可这对避免拖延几乎不起作用。在我就读的那所天主教小学里，有才华的人会得到肯定，而准时的人才会得到尊敬。没什么比准时更重要。你时不时地就会在校园里偶遇疯狂迷恋准时的修女，她们甚至要求所有的学生必须在上课前五分钟就坐到座位上。这种过度准时把真正的准时变成了拖延。我们称之为修女计时法。

那时，时钟就是我们的敌人。它似乎铁了心要让我们难受。教室里的时钟似乎总是被故意安置在塑像下方监视我们。每次在上最为枯燥无味的课时，我们几乎绝望地渴求下课，分针却似乎在有意拖延，走得格外慢。而当我们需要更多时间，比如说在写随堂测验或撰写随堂论文时，时钟就背叛了我们，走得飞快。你不一定非要在天主教学校读书才能体会到被时钟背叛的滋味，不论你在什么学校，都会觉得上学度日如年。可是我们耐着性子听老师讲永恒的话题，心中总是担心下午3点放学的时间再也不会到来。

托尼神父告诉我，在我拜访他前不久，他在布道时讲了《马可福音》中有关耶稣在加利里海边邂逅渔夫兄弟西蒙和安

拖延进行时
一部关于拖延症的历史，从达·芬奇到达尔文到你我

德鲁的故事。耶稣邀他们放下现在的生活，随他走上巡回布道之旅。这俩兄弟毫不犹豫，"他们就立刻舍了网，跟从了他"，福音书如是记载。

"福音书说的是'立刻'，"托尼神父继续道，"他们抛下手头的事，立刻追随了耶稣。想想耶稣对他们提出的要求吧。让他们放下生计，放下自己所熟知的一切，但他们依然毫不犹豫。"

我们之中却少有这样的行动楷模。托尼神父曾向我坦白，说他在高中任教时总是拖延批改学生的作业。我告诉他在我看来，这便是那种可以自圆其说的坏习惯，因为在他拖延的时候，许多学生可能也正拖着，直到最后一刻才去完成作业。

就在这个时候，我决定将心中的秘密向托尼神父坦白，于是我毫不遮掩地告诉了他我一直在拖延进行这次谈话。说来惭愧，在此之前，我就已经去新奥尔良考察了一番，但因为我的拖延无功而返。

事情是这样的：起初，当我得知新奥尔良的教堂内坐落着圣依伯狄德的塑像时，我和高中以来就玩得很好的小伙伴迈克

第三章 圣人、乌鸦、诗人、神父

一起从布鲁克林来到新奥尔良。迈克也是位作家,但和我不一样:他没有拖延症。是他促成了我的新奥尔良之旅。有天晚饭的时候,他告诉我他准备写一本新书,为了这本书,他得去以色列实地考察一番。我称赞了迈克为了写书出国考察的想法,并鼓励他去以色列。当时我以为他也只是说说而已。结果几天以后,我收到了迈克从以色列发来的电子邮件。

当时我就惊呆了。说不定哪天他会从月球给我发邮件。而我,无论如何都无法想象自己能为了达成脑海中一闪而过的某个念头而即刻决定横跨半个地球。

我一直都很羡慕迈克这样的旅行者,我羡慕他们轻轻松松就收拾行囊踏上环游世界的旅途,羡慕他在邮件里轻描淡写地说:"我在阿姆斯特丹。"羡慕他们在婉拒一场午餐邀请时说道:"抱歉,那天我应该在曼谷。"因为身为一个拖延症患者,旅行对我来说可不是一件易事。我常常把旅行计划往后推,推到未来的某一天——而那一天常常不会到来。像我这样的拖延症旅人,大概只能收集一些官方景点的标签、邮票、门票(类似行李箱上的贴纸),以表明我们没去过哪些地方。我还没去巴黎,或是罗马、东京。去年秋天,我还没去新泽西州

拖延进行时
一部关于拖延症的历史,从达·芬奇到达尔文到你我

的普林斯顿。

迈克建议我去趟新奥尔良搜集写书素材,他料定我准会拖延这趟旅行,于是执意要和我一同出发。几个星期后,我和迈克来到新奥尔良法国区,凝视着圣依伯狄德的雕像。除此之外,我对这次考察之行的大致安排还包括走访当地居民——牧师、教区居民以及我所见到的向圣依伯狄德供奉蛋糕的信徒。

然而,我一到新奥尔良,就不想和任何人交流了,那儿似乎有更值得一做的事等着我,主要是吃吃喝喝。城市街头巷尾的萨泽拉克鸡尾酒、穷孩子售卖的牡蛎三明治都在召唤我,让我难以拒绝。结果,我们在新奥尔良待了一天半以后离开,没和任何一个当地人聊过圣依伯狄德的事,迈克对此十分困惑。

正因如此,我不得不再次前往新奥尔良,这次是独行。为防止自己拖延症发作,我提前安排了和托尼神父的见面。(我和那些不愿和采访对象说话的记者是一类人,而对于正在寻找题材的小说家和编剧们来说,这类人本身就像座未被探索的宝库,有无数令人啼笑皆非的故事。)

托尼神父表示,他能理解我。即便最优秀的人,也往往

会陷入莫名其妙的拖延之中。即便我们自认为清楚该做什么事，也常会受某种内在欲望的牵绊而不去做。比如，在教会成立早期，奥古斯丁曾深陷于偷鸡摸狗、拈花惹草之事不可自拔。追忆那段疯狂的青春岁月，圣奥古斯丁写道，"我爱自己曾犯下的错。"

奥古斯丁的母亲期望儿子有体面的婚姻，可是奥古斯丁却未能如母亲所愿。他和一名女子姘居了15年，并生下一子。虽然母亲生前多次敦促奥古斯丁在情感上检点些，但直到母亲逝世，他才痛心疾首，悔恨不已，哪怕母亲为了让他听话苦苦祈祷，他依然行为放纵，一再拖延。所以，奥古斯丁的《忏悔录》主要写的就是他对荒废的前半生和拖延信仰基督教的自我检讨："主啊，我爱你爱得太迟了。"数百年来，奥古斯丁的这句话，常常回荡在基督教的圣歌和祷告词中。

那些将重要之事一拖再拖的人们特别能理解奥古斯丁的痛苦：眼看重要的时刻来临，却没有把握住，任其溜走。拖延症患者对奥古斯丁提出的原罪论颇为信服，这一令人无从辩驳的信条主张：所有人从本质上都是有问题的，而且问题不小。奥古斯丁在写《忏悔录》期间，花了15年时间潜心研究创世纪

拖延进行时
一部关于拖延症的历史，从达·芬奇到达尔文到你我

文献，这几乎和达尔文研究藤壶的时间一样长。他的朋友很早之前就曾催促奥古斯丁尽快把书写完，然后再做其他的事，但他却做了一件和达尔文如出一辙的事——拒绝完成。

然而，和奥古斯丁共同之处最多的人不是达尔文，而是著名的圣依伯狄德。奥古斯丁和圣依伯狄德这对圣人组合颇为怪异——一位对西方思想史影响深远，另一位则可能从未存在过。假设圣依伯狄德真实存在的话，那么奥古斯丁和圣依伯狄德的出生日期前后相差不超过 100 年，而且，他们年轻时都不是基督徒，而且生活毫无节制，后来才改过自新。发人深省的是，奥古斯丁曾有一段拖延自我改变的苦难岁月，他对这段往事羞愧不已，于是写下了情感真挚的忏悔。后来，事实证明奥古斯丁对后世影响深远，他逝世近 2000 年后，人们还在研究他的思想、拜读他的大作。

然而，圣依伯狄德却一直意志坚定，勇敢地抵御生命中的诱惑。大抵只有传说中的人物才能如此了吧。

圣依伯狄德的肖像画总是身着罗马士兵的盔甲，手持一个十字架，脚踩他的宿敌——那只诱惑他的乌鸦。一败涂地的乌鸦叼着一个卷轴，上面写着 CRAS，在拉丁语中意为"明

日",是英文单词"拖延"的词根,发音和乌鸦独特的沙哑叫声有几分相似。而圣依伯狄德手上的十字架上有一个词 HODIE——在拉丁语中意为"今日"。再也没有比这更生动形象的画作能描绘当机立断胜过犹豫不决、行动胜过拖拉了,乌鸦根本毫无胜算。

圣依伯狄德故事中的乌鸦和其他文学作品、神话传说中的鸟类颇有些亲缘关系,比如说在挪威和北美印第安神话中的骗子渡鸦,或是诗人特德·休斯笔下虚构的乌鸦。休斯的诗歌中,最直接涉及拖延的那首并不是关于乌鸦的,而是"鸫鸟"。在他笔下,这种鸟就如同自动杀戮机器。它们从不犹豫,从不拖延,而人类就饱受拖延之苦(比如磨磨蹭蹭的诗人),它们在诗中被描绘得一心一意、依赖本能且冷酷无情。

休斯笔下鸫鸟的做事效率比诗人高得多,它代表着更为成熟的个体。(成熟在旧约里同样意义重大。《申命记》中的战争法规定,种葡萄园而未收获的或造房屋而未建成的男子不适合上战场。[1])而休斯笔下的鸟与浪漫无关,它们从不在日出前

---

[1] 见《旧约圣经·申命记》20:5-6:"官长也要对百姓宣告说:'谁建造房屋,尚未奉献,他可以回家去,恐怕他阵亡,别人去奉献;谁种葡萄园,尚未用所结的果子,他可以回家去,恐怕他阵亡,别人去用。'"

拖延进行时
一部关于拖延症的历史，从达·芬奇到达尔文到你我

吟唱动人的歌谣。休斯给我们描绘了一种更符合生物学解释的鸟——一心一意、毫无牵挂，因而更为恐怖。和艾米丽·迪金森笔下的鸟不同，休斯笔下的鸟代表死亡。

死亡是一项无法推迟或靠搪塞蒙混过去的必经之事。埃德加·爱伦·坡《乌鸦》一诗中，描绘了另一种同科的鸟，这种鸟像圣依伯狄德的乌鸦一样被称作"诱惑者""恶魔""魔鬼"——最为贴切地说，不论你驱赶它多少次，它都不会离开。但和圣依伯狄德的传说不同，在爱伦·坡的诗歌中这只预示着死亡的鸟儿战胜了那个被他缠上的男子。即使在诗人屈服后，它依旧没有离去，而是"栖在房门上方苍白的帕拉斯雕像上"。

爱伦·坡自己就是一个重度拖延症患者。他在给诗人詹姆士·拉塞尔·洛威尔的信中写道："我特别懒散，有时效率又特别高。"爱伦·坡对拖延症患者走极端的工作习惯深有体会：忙的时候四脚朝天，闲的时候无所事事。因此他在作品《反常之魔》中做出了文学史上对拖延者内心想法最完美的诠释。

当前，我们有一个必须尽快完成的任务，我们知道此时拖

延会带来毁灭性的结果。我们此生最大的危机号角般高声催促我们立刻鼓足干劲开展行动。我们踌躇满志，急切地想要开始工作，仿佛看到了灿烂的成果，我们的灵魂都斗志昂扬。这件事必须今天去做，可我们还是把它拖到了明天，这是为何？除了我们觉得反常外，没有别的答案，而即使用了反常这个词，也不知其所以然。当明天来到，一种更加迫不及待要完成工作的紧迫感一并来到，我们因为内心剧烈的抗争而颤抖——明确与模糊的抗争、实在与虚幻的抗争。但若是抗争已经到了这个程度，那定是虚幻占了上风——我们挣扎，却只是徒劳。钟敲响了，钟声是我们的福音，同时也是吓退幽灵的鸡鸣，那幽灵已经让我们畏缩了那么久。它逃走了，消失了，我们自由了，我们重获新生。我们现在开始工作吧，哎呀，已经太晚了！

爱伦·坡的"为时已晚"呼应了奥古斯丁的"为时已晚"，与这位圣人相同，爱伦·坡在精神上遭受着悔恨的折磨。在生命的最后几年里，他沉浸在年轻妻子弗吉尼亚死去的悲痛之中。那时他住在布朗克斯，附近住着不少耶稣会牧师。于是他常常在晚上去拜访他们，他有时会去他们的图书馆里看书，但更多时候则是与他们共进晚餐并一起打牌。这位消沉的诗人在与牧师们相处的日子里获得了心灵上的慰籍,满怀感激地将他们描述为"极具修养的绅士与学者,他们吸烟、喝酒、打牌,并且从不讨论宗教话题"。

这些牧师们一直照顾着爱伦·坡。在他悲痛欲绝、酩酊大醉或者借酒浇愁的时候,会有牧师把他送回家。也许有人会想,为何这些牧师从未让爱伦·坡皈依他们的信仰,从未给他行圣事?没错,在稳稳地扶着跌跌撞撞的爱伦·坡送他回家时,牧师们会用心地倾听,但从不会说一句有关宗教的话。1849年,爱伦·坡离奇地死于巴尔的摩。根据一段故事记载,他死前最后一句话是"主啊,求您拯救我困苦的灵魂"。

※※※※※※

圣依伯狄德、奥古斯丁和爱伦·坡给出了另一种对拖延症的解释——它不仅仅关乎心情不佳、决策不当或时间管理不力,也关乎生死问题。我们每个人都明白时钟的"滴答"声意味着时间的流逝,但在内心深处还是希望时钟能变戏法般地对自己网开一面。当我还是个孩子的时候,没有比"永恒"更令我害怕的事情了。我时常会在夜里坐在床上,思考"永恒"的概念。时间怎么就能永不停止呢？我当时还不满 13 岁，更关注的是自己会因此怎样？对于孩子（以及某些成人）来说，真的难以想象没有自己的世界会是什么样子，这根本就是不可能做到的事。

永生的概念同样使我恐惧，并不是说我怕下地狱遭受折磨，令我感到害怕的是自己的灵魂漂浮于无尽的时间之中——无尽的时间，本应是给予我们的巨大奖赏。但是光是想象，就足以让我吓出一身冷汗了。

******

我虽未曾向圣依伯狄德祈祷过，但我和他的信徒一样乐观，相信好事将会发生。拖延症患者们也许意志消沉，沉溺于幻想，甚至有自毁倾向，但我们同样也是乐天派。我们相信，会有比现在更适合做眼前之事的时刻。乐观是拖延症患者身上最容易被忽略的品质了。对我们来说，明天永远充满希望。

拖延也能让人兴奋。可能这种兴奋类似做坏事的刺激感，每次你该做某事却不做的时候，就会感受到这种快感。在故事中，超级英雄总是等到最后一刻才现身，力挽狂澜，这么

拖延进行时

一部关于拖延症的历史,从达·芬奇到达尔文到你我

写肯定是有缘由的。超级英雄的故事就是对宗教故事的世俗版效仿,故事中的主人公原本平平无奇、弱不禁风,后来变得强大,但内心深处依然是原来的那个他,这一过程其实就是某种意义上的救赎。

奥古斯丁喜欢把俗世的生命比作一种停顿,称之为"我遭受的拖延"。奥古斯丁认为,世俗生活是令人恼火的拖延,迟迟不让信徒获得永生。尽管奥古斯丁颇不耐烦,但仍继续在尘世生活下去,还真是乐观。

早上刚醒的那段时间,是我一天中最乐观的时候。我非常喜欢早晨,因为只有在早晨,我才不那么自怨自艾,不那么惹人生厌。在早晨,似乎一切都可能实现,我文思泉涌!潜力无限!对他人充满关爱!没有什么能够阻挡我。但是,到了下午 4 点,我就已经变得自暴自弃,对人性失望透顶了。所以,傍晚时分是我拖延症的高发期。到那时,我对那一天彻底失望,把一切都寄托到明天。我已经让自己皈依一种舍弃当下、为明早而活的宗教了。

相信明天是一种信仰——只要明天能完成任务,一切对我来说,似乎都会焕然一新,希望又会重新点燃。对于拖延症患

第三章 圣人、乌鸦、诗人、神父

者来说,希望总能战胜经验。我觉得这种对"信仰"的定义特别准确。

******

去新奥尔良和托尼神父见面的那天,我发现自己早到了几分钟,于是决定等到点了再迅速冲进教堂。当时就快到下午 4 点了,我走过几个街区,来到了波旁街[1],那里当时正在举办派对。途中,我经过一家夜店,门口正站着一位热裤女郎和她的同伴——一位穿着健美背心、手臂粗如树干、虎背熊腰的大汉。女郎朝我打招呼:"亲爱的,来和我们一起玩吧。"可能由于那个身着健美背心的大汉在她身旁的缘故,我装作没听见她的话,就这样走开了。

教堂内就安静多了。一位老妇人站在圣坛旁,念着玫瑰经。一群似乎无处可去的人坐在教堂后的长椅上消磨时间。教堂里空气闷热,回响着时钟的滴答声。没有人去关注圣依伯狄德。

---

[1] 波旁街,是新奥尔良法国区的一条著名的古老街道,开辟于1718年。

拖延进行时
一部关于拖延症的历史,从达·芬奇到达尔文到你我

在早期的基督教会中,信徒们普遍认为,末日浩劫和最终审判即将来临,距离那一天来临的日子只会越来越短,不会有延期。这一预想让一些人们有点不太正常。每隔大约几十年,一大群信徒就会发了疯似的惊慌不定。由于坚信自己必须忏悔以免太迟,他们放下一切,以救世主之名发动暴动,横跨欧洲去圣地朝拜,并付诸暴力,发动了十字军东征。

******

这种焦虑并非信徒特有。谁不害怕错失良机、等待太久,或是落单呢?紧迫的生活需要人们去信仰一些东西,即便你信仰的东西仅仅是微不足道的自己。我们大多数人提出的最具宗教性的问题不是"我为什么会在这里",而是"我还剩多少时间"。

这让我想起了第二次去新奥尔良时,托尼神父给我讲了个故事。天主教牧师礼拜天布道的时候,就喜欢讲些幽默的,带有几分《读者文摘》范儿的趣闻轶事,以搏会众一笑,把他们的注意力拉回来几分钟。有一天,一位牧师问会众,你们当中有多少人想要上天堂?在场的人都举手了,唯独一人没有举

手。牧师的目光越过众人，落在那人身上，牧师问他，你难道真的不想上天堂吗？那人说："神父，我当然想上天堂了。不过，听你的意思，好像打算今天就走似的。"

奥古斯丁之所以把自己的一生称为"我遭受的拖延"，是因为他早已做好尽快上天堂的准备了。然而，我们大多数人对此都不那么确定。我们天生就是这样，哪怕最好的东西就摆在眼前，也会习惯性地想要抗拒。

天堂听起来不错，但我还没决定要不要去。

第四章

待办清单

> 要是还有更好的事情可以做,谁会动笔写东西啊?
>
> ——摘自《拜伦日记》

意大利作家安伯托·艾柯对清单很是着迷。1980年,艾柯因写出小说《玫瑰之名》而名声大噪,在此之前,他只是作为符号学家,在学术圈内小有名气。小说以14世纪的意大利为背景,叙述了一个夏洛克·福尔摩斯式的故事,修道士威廉·巴斯克维尔是小说中的侦探。随后这本书被改编成一部糟糕透顶的电影(由肖恩·康纳利和克里斯蒂安·史莱特主演）。该书的热销使得艾柯成了一个另类明星——一个喜欢读词典的名人。有一次，有人问他如果被困孤岛，他会选择哪本书相伴，艾柯的选择是电话簿。

在他的《无限的清单》一书中，艾柯认为清单是用于描述难以表达之事的唯一方法。在《伊利亚特》中，荷马试图记下希腊入侵特洛伊时的兵力分布情况，后来因毫无头绪只好放弃。他最后决定列一张清单，内含军舰名目录、希腊指挥官及其士兵的姓名，足足有350行。

艾柯认为，我们喜爱清单是因为它的无限性，清单永无尽头，绝不可能写完。他曾说："我们的生命是有限的，死亡限制着我们，我们为之沮丧、因之蒙羞。这正是我们喜欢无限的事物的原因，因为它们不会结束。这也是我们逃避死亡的一种方式。我们喜爱清单，因为我们不想死去。"

我也是个对列清单颇为痴迷的人，但我从未写过遗愿清单，因为我没有勇气去做那些有资格登上遗愿清单的事，比如说花式跳伞、滑翔飞行、跑马拉松、爬珠穆朗玛峰等极限运动。

遗愿清单位于贪婪和完善自我的交界之处。它揭示了我们

第四章 待办清单

一直有通过获得丰富的、引人注目的经验来润饰个人简历的渴望。贾斯汀·扎克汉姆曾为杰克·尼科尔森和摩根·弗里曼主演的电影创作了剧本,他可谓是以身作则地推广了"遗愿清单",电影灵感就源于他在列表上的愿望。或许你已经猜到了,第一条就是为大型好莱坞电影公司创作剧本。

我不愿写遗愿清单的另一个原因在于,它需要我承认自己终有一死,而我一点都不想这么做。完成一项任务相当于让它在任务清单上消失,在某种程度上,也是让我们一部分生命消失。这也解释了我为什么总是完不成待办清单。只要我还有尚待完成的任务,尤其是那些永远都不可能完成的任务,我就可以肆无忌惮地拖延。还有什么比划去待办清单上最后一项更让人沮丧的呢?我希望待办清单无穷无尽,也希望自己能够尽可能长久地活着。

******

从新奥尔良回来以后,有一长串大大小小的待办事项等着我去做,就在那时,我才终于理解了向圣依伯狄德献祭的意义。其意义在于,当工作未完成时,把责任归咎于别人总好过

拖延进行时

一部关于拖延症的历史,从达·芬奇到达尔文到你我

归咎于自己。我在教堂礼品店里买了至少三张祈祷卡片,可依旧有大把的工作没完成,这看起来是不是有点不公平?现在,我比以往任何时候都更能理解在留尼汪岛的路旁,被斩首的圣依伯狄德雕像背后的意义。

与此同时,我在"最后期限"这个深渊中越陷越深,这个深渊里一片虚空,逃避工作成了我当下唯一的工作。而诸如更新社交软件之类的琐事一下子成了当务之急的大事,一天中的大部分时间都被我花在整理数字音乐文件上。我觉得用"管理藏品"这个词形容我当下所做的事十分贴切。

我越发下定决心开始工作,精力就越不能集中。我因为自己无法开展工作而沮丧——你知道这是怎么回事——而我一旦沮丧,就更不可能工作了。一整周的工作时间便在我的心烦意乱与逃避中溜走,当我为了某段引言去书架上找书时,注意力便会转移到一堆从未读过的乐评集上。而哪怕这和我要找的东西差了十万八千里,我也会把它从书架上拿下来,然后,我就沉浸在20世纪80年代新西兰的车库音乐之中了。[1]

---

[1] 一种音乐类型。

第四章 待办清单

于是我便完全忘记了我最初要找的东西。

我知道自己不能再拖了,也下定了决心不再拖延,但哪怕在这种情况下,我也经常犯一种病,这种病你们可能会称之为"后拖延症"。犯这种病的时候,我想要停止拖延的决心便像露水一般消散,并且最终我会由着自己的性子,什么都不做。

每当我无法让自己去做应做之事时,便会列出"待办清单"。对我来说——我敢打赌,这也是对大部分拖延症患者来说——"待办清单"的全部意义在于弥补自己的大言不惭,给自己心理安慰。如果你没有事先列出这些你正在拖延的事,你可能永远意识不到你正在拖延,这样的话那趣味何在呢?

我会把要写的文章、要做的校对、要发送或回复的电子邮件列出来。我列出了待投稿的杂志故事,以及应该联系的编辑名单;我列出了待付账单、待浏览网站、待办差事、待洗衣物以及过得不顺心亟待我打电话鼓励的朋友。一天下来,我的工作室就像一座清单图书馆一样。我把所有的清单都摆在桌子与床上,并在橱柜上贴满便条。

有时候我会把清单搞丢,并且总是在后来才发现。但这并

拖延进行时

一部关于拖延症的历史，从达·芬奇到达尔文到你我

没有什么关系，因为即使是几周前的清单，我也通常至今未完成。从这个角度来说，我的清单依然保存完好。欢迎旧清单归队，就像偶然走失的绵羊最终回到羊群一般。

以为列清单就可能使我们混乱的生活变得井井有条是个不错的想法，但我的清单从未能够督促我完成任务。相反，我热爱清单是因为列清单本身就给人成就感，当我列出一项任务，似乎也就卸掉了一部分完成任务的压力。

列出、管理、遗失清单，然后花上一整个下午去找它——所有这些都占用了我原本应当完成清单上某些事项的时间。我猜这便是那么多人沉迷于列清单的一大原因。另一个原因则是列出要做的事情往往比真正去做这件事更令人愉快，规定义务往往比去履行它们更为有趣。

******

打着查资料的旗号，我刚刚浏览了会儿网页，无意中发现了某一时刻约翰尼·卡什在记事簿上草草写下的待办清单，其标题是"今日要做的事！"

第四章 待办清单

1. 不抽烟
2. 亲吻琼
3. 不亲别人
4. 咳嗽
5. 尿尿
6. 吃饭
7. 不要吃太多
8. 忧虑
9. 探望母亲
10. 练钢琴

很长时间以来，我一直很好奇，标题中的感叹号是否暗示了一种我本不该期待在"黑衣人"[1]身上看到的乐观自信？或者，这只是他绝望的表现？

但第八条待办事项——忧虑，证明在制定待办清单这件事上，卡什的确是个天才。真的有人能做到考虑周全吗？若能做到这种地步，难道不会担心自己想太多了吗？实际上，把忧虑从待办事项中划去是绝不可能的。想要实现清单上所有事是一

---

[1] 约翰尼·卡什因他一身黑的装扮和特立独行的作风获得了"黑衣人"的绰号。

件太有野心的事情，如此期待通常终会落空，在待办清单上写上"忧虑"本身就会导致忧虑。一旦想得太久，便会让人头晕目眩，这种情况下出现了精神性眩晕症。我猜，卡什一定很熟悉这种心理上极大的不适，因为待办事项"忧虑"的后一条便是"探望母亲"。

本杰明·富兰克林是最擅长制定清单的美国人，他在 1737 年 1 月 6 日的《宾夕法尼亚公报》上，列出两百多个形容人喝醉了的说法（例如，"他醉得找不着北了"）。富兰克林也被誉为利弊清单的创始人，他发明了这种清单作为决策的工具。富兰克林 20 岁时，列出了节制、寡言、秩序等著名的十三条美德，并将其作为自己追求的目标，他把待办清单当成了道德约束的表格。在记录自己的缺点时，他通过反省找到曾经犯下的错误，并用小黑点标注出与每条美德相对应的错误。富兰克林认为，只要完成了清单，具备了良好的品格，就能成为完全高尚的人。尽管富兰克林又多活了 64 年，但 20 岁的他已经向成功发起了冲刺。他曾写道，"你热爱生命吗？那就别浪费时间，因为时间造就生命。"还写道，"光阴一去不复返。"

第四章 待办清单

富兰克林是倡导美国工业化的鼻祖。学者对此争论不休——富兰克林真的会认真对待自己提出的要求吗？还是说，他只是在嘲弄清教徒严苛的道德标准（这是美国人工作方式形成的主要基础）？人们怀疑富兰克林在逗弄读者，原因显而易见：富兰克林在发明创造和文学创作领域硕果累累，这没错，但是他大多数时候都躺在浴缸里。他对高效率的工作并没有那么痴迷，甚至不知道该怎么消磨一个下午。

20世纪，擅长写待办清单、喜欢随手记笔记、功勋卓著的美国人的典范便是德怀特·艾森豪威尔将军，他烟不离嘴地制定了详细周密的诺曼底作战方案。但是如今，人们对他的印象则是，连任了两届总统，却成天在白宫打高尔夫球。和富兰克林一样，艾森豪威尔也是美国历史上"高效"的代表。"高效"的头衔源自20世纪50年代末他在西北大学的一番演讲。当时，他提到一位退休的大学校长对充分利用有限时间的看法——"重要的事常常并不紧急，紧急的事常常并不重要"。或许，艾森豪威尔提到的那位退休校长就是他本人。二战后，他曾任职哥伦比亚大学的校长。讽刺的是，由于为人处事疾言厉色，加之高效的军事化管理方式，他引起了哥伦比亚大学教职员工的极大不满，因为他们更喜欢那些拖拖沓沓、漫

拖延进行时

一部关于拖延症的历史,从达·芬奇到达尔文到你我

无目的的讨论会。

不过,艾森豪威尔引用的话吸引了作家兼教育家史蒂芬·柯维的注意,柯维后来创办了富兰克林柯维公司。柯维以这句话为基础,创立了被后人称作艾森豪威尔矩阵的时间管理理论——一个决策者应当把他的待办清单分为以下四个目录:现在就做的事、决定何时去做的事、委派他人做的事以及不做的事。此举旨在改善待办清单,提前做好时间预算,也就规避了哲学界马克·金维尔称作"不作为的瞎忙活"——即在无关紧要的小事上花时间,导致我们没法去做该做的事。我很是怀疑那些深受敬仰的人,比如尽责的父母和无私的童子军头领在做使自己饱受赞美的事时,至少有一部分原因是为了避免去做一些别的事——比如说,他们的工作。

很多人意识到,有时不作为也是一种作为。象征主义诗人圣波尔·鲁克斯每晚睡觉前,都会在门口挂上告示:"请勿打扰,诗人正在工作。"这略微有些矫情了,却也提醒了我们:不仅仅是努力、忙碌和行动可以让人有所成就,休息、沉思、感受世界同样可以。

作为一个拖延症患者,我知道如何在不作为中有所作

第四章 待办清单

为。我任由自己多读一本闲书,欣赏克特兰的音乐,冲个澡或绕着公园散散步,这些事都算是"写作"。就是说,可能看上去我舒舒服服地躺在这里,拿着一杯饮料,大脑放空地盯着天花板,可实际上我在写作。某些时候,你得告诉你自己,你将会通过"停下写作"的方式来真正开始写作。

我的绝大多数拖延始于焦虑。我担心自己接到的杂志专栏超出了能力范围,所以我拖延着不下笔。我担心一些常年待修的家具最终修理起来会比我预想的更为麻烦、费用更高,所以我也拖着不修。我担心医生会诊断出我身患重病,比如那些我想都不敢想的疾病,所以我年复一年地推迟约医生。总是有那么多事要做,那么多东西让人担心,那么多待办清单待完成。

******

1482年,列奥纳多·达·芬奇给当时米兰的摄政王卢多维科·斯福尔扎写了封求职信。达·芬奇深知这位战火连绵的意大利城邦的混蛋统治者最看重什么,所以在求职信里展现了自己与之相关的诸多才能:建造投石器和其他攻城武器,设计便携式桥梁,以便"随时追捕敌军或从追杀中逃离";达·芬

拖延进行时
一部关于拖延症的历史,从达·芬奇到达尔文到你我

奇甚至写出了"隐蔽型战车"的设计思路,这听起来很像是当代坦克的祖先。

直至信的末尾,达·芬奇才提到自己会画画。

达·芬奇的自我推销很是奏效。但摄政王在雇佣他后,却让他负责完成一尊名为葛兰·卡麦罗的巨大青铜像,而不是从事任何与军事沾边的工作。这一雕塑旨在纪念他的父亲,本可以成为世界上最大的青铜骑马像。可就像达·芬奇的许多其他作品一样,这一作品最终也未能完成。完整地铸造如此巨大的铜像给达·芬奇带来了莫大的压力,这一工作也因此拖延了数年。有些时候,摄政王想必也疲于等待它的完成。所以在法国军队进攻米兰,当地的保卫军们发现自己缺乏火力时,他就将原本留给达·芬奇铸造骑马像的青铜用去铸造火炮了。

在充满雄心壮志的许诺和令人沮丧的拖延之间循环往复成了达·芬奇工作的常态。他的头脑里充满了奇思妙想,贵族们却总是缠着他给自己画肖像画。达·芬奇在那时以制定大计划却从不动手去完成而声名远扬。他做事有着自己的步调。他不断地给自己安排大量的任务,在代办清单上也写满了雄心壮志:"描绘云朵是如何聚散的""描绘打喷嚏为何物"都是他给

第四章　待办清单

自己布置的琐事中的典型。达·芬奇就像我知道的其他合同制工人一样，从不对新任务说不，这也许就是他有大量未完成作品的原因。乔尔乔·瓦萨里是第一个为他做传的人，他认为是达·芬奇的完美主义造成了他的拖延，"他同时开始很多雕刻工作，可对他而言，他的双手总是做不出自己想象中完美的艺术作品"。据说教皇利奥十世因为达·芬奇的拖延恼怒不已，据说他曾公然宣称"这个男人什么事都完不成"。

如今，我们对达·芬奇的飞机、潜水艇和机器人素描草图赞叹不已，可在他生前，他的赞助人最关心的是达·芬奇什么时候才能完成他许诺给他们的肖像画。

达·芬奇一生只完成了 20 幅画作，其中有两件同被命名为"岩间圣母"。这件怪事要从 1483 年说起，当时，米兰的无玷受孕协会希望达·芬奇能为他们的教堂创作一幅关于圣母玛利亚和圣婴的圣坛装饰画。达·芬奇和任何合同制工人一样，有着天真的乐观，他同意在七个月内完成这一创作。不过，等达·芬奇的画作挂在教堂里时，已经是 25 年以后了。

达·芬奇凭借自己不懈的拖延成功跻身历史上最著名的拖延症患者之列。可据说在达·芬奇晚年，他也为自己尚未完成

拖延进行时
一部关于拖延症的历史,从达·芬奇到达尔文到你我

的工作痛苦不已。

达·芬奇的拖延和他的天赋真的毫无关联吗?如今,他因为博学备受敬仰,他横跨了解剖学、天文学、工程学等好几个领域,在每个领域都颇有建树。他的同辈人对他的拖延很是恼怒,这让他做事不够专注、反复无常。但是有没有这种可能,一个更像勤恳工人的达·芬奇,一个只想着取悦赞助人、在截止日期前完成工作的达·芬奇,反而只会变得默默无闻,不值得为人们铭记?

这一类的争论对拖延症患者很有吸引力,为我们拖延的念头打了掩护。可历史更为纷繁复杂。达·芬奇相对快速地为无玷受孕协会教堂完成了画作——只比约定时间晚了几年,但这份工作的微薄报酬让达·芬奇感到屈辱。为了激怒出资人,他故意不交出画作,最后把它卖给了别人。教堂最后也没能拿到这幅画,它现在挂于卢浮宫中。

无玷受孕协会后来对自己的行为感到后悔,再次向达·芬奇提出作画邀约,达·芬奇接受了,于是他第二次投入到创作中。这一幅画历经 15 年才完成(或许正如可靠消息所称,"达·芬奇在故意拖延作画的过程。")如果你能穿越重重人

第四章 待办清单

海，就可以在伦敦国家美术馆看到第二版的《岩间圣母》，这是达·芬奇和无玷受孕协会历经千辛万苦终于完成的合约。这幅画在 1508 年被挂到了祭坛后的墙壁上，此时距达·芬奇承诺在七个月内完成画作已经过去了足足 1/4 个世纪。

******

根据最严格的定义，拖延症患者即明知拖延可能会损害自己日后的利益、但仍选择拖延的人。如果拖延的行为（或者说是不作为）有悖于自身利益，我们不得不开始思考，什么样的人明知会损害自身利益，但依然坚持我行我素呢？希腊人有一个词形容这种行为（希腊人总是如此），即 akrasia，意为知道自己应该怎么做，但偏偏反其道而行之。苏格拉底认为世上不存在真正的 akrasia，因为一个真正懂得什么对他最好的人是不会不去做最好的事情的。他认为"没人会故意让自己过得不好"。

亚里士多德认为"akrasia"一词更准确来讲应该是缺乏意志力。欲望和个人喜好超越了理智：比如我真的想去健身，但我没去，因为比起锻炼，我更想一边在网上看《塔拉迪

拖延进行时
一部关于拖延症的历史，从达·芬奇到达尔文到你我

加之夜》，一边吃一盒哈根达斯的海盐焦糖冰激凌。这样我就享受到了吃哈根达斯的快乐，但放弃了健康，我并没有去做我明知是对我最好的事。

和 akrasia 有关的行为并不难理解，因为我们似乎会为了满足一些生理欲望而做一些可能对我们并不好的事——比如，一夜风流，在吧台一角耗一下午，或是吃上一盒海盐焦糖冰激凌。我们知道这样做不健康，我们知道这样做不理智，但还是做了，事后又懊悔不已。我们觉得自己没有人该有的样子，就像一些俗语所说：我们俨然活成了一只猪，我们已然成了一头驴，或许到最后，我们奄奄一息得像条病狗。16 世纪的英国诗人埃德蒙·斯宾塞在长诗《仙后》中给女巫取名为"阿克莱莎"，她便有将情人们都变身为动物的魔力。他们无法控制自己。

最聪明的人也会这样。诺贝尔经济学奖得主乔治·阿克洛夫在 1991 年发表了一篇名为《拖延与服从》的文章，文章开篇便写了一个他自己持续拖延的故事：他日复一日地计划每天都惦记着将一个包裹从印度（他那时住在印度）寄往美国，在那里，他的朋友兼同事约瑟夫·斯蒂格列茨正等着收这个

第四章 待办清单

包裹。阿克洛夫写道："大概有八个月的时间，我每天早上醒来，便决定第二天一定将这个盒子寄给斯蒂格列茨。"但八个多月过去了，这个盒子还是没能寄出去。

从某个层面上讲，这是很令人欣慰的：因为即使是睿智的学者也会拖延。另一方面，如果你正好为拖延症所困，或许你会想抓住阿克洛夫的衣领，大喊："快寄走这该死的盒子！"阿克洛夫本人也为此事感到困惑。在拖延症方面，他发现，我们的判断与决策与古典经济学假设相悖，常受冲动控制，这绝对不理智。阿克洛夫研究的方向是行为经济学，也就是研究那些理性、仅偶尔冲动的人是如何做决定的。

在拖延症患者典型的冲动行为中，经济学家将其中一种称为"双曲贴现"——宁愿立刻得到眼前的小利也不愿等待日后的大回报。所以，我们会看到有研究生迟迟不去写那份日后能够增加他找到好工作机会的毕业论文，只为多玩一局在线拼字游戏。比起将来的自己，他更爱当下的自己。在这里，我们就暂且不论这名处于拖延状态的毕业生浪费时间玩在线拼字游戏这种行为，是否表明他没信心迎接高回报的工作（即好工作）。

拖延进行时
一部关于拖延症的历史,从达·芬奇到达尔文到你我

只有在机会至上的时代,才会存在拖延,就好像如今我们的全球消费主义市场化的经济局势。就人类自由来说,自由经济的确不可或缺,并且选择权是我们极为重视的权利。但是如果你和我一样都曾在超市卖早餐谷物的区域耗上很长一段时间,纠结于该选蜂蜜膨化早餐麦片还是船长牌麦片,你就会明白选择有时候也是一种沉重的负担。

有了选择,就有了犹豫。我应该接受这份工作吗?我是不是该将房间涂成蓝色呢?我要不要向这个人求婚?肩膀上的这个东西一直不消失,我是不是该去看医生?我不知道,我无法决定。和阿克洛夫一样,我每天醒来都知道有些事我今天必须完成。但是到底着手哪件呢?待办清单就像一张菜单,身处拖延的深渊,我真正想要的是让服务员来告诉我应该点什么菜。

* * * * * *

达·芬奇一直没有完成《格兰·卡瓦洛》这座雕塑。1493年,他的确曾做过一个7米多高的马的黏土模型,但因为后来被弓箭手拿来当靶子用,就这么被毁掉了。由于当时面临着被侵略的威胁,斯福尔扎将达·芬奇八吨重的青铜塑像原材料用

第四章 待办清单

来制造大炮,此后几百年间,关于这匹巨马的计划就被人们遗忘了。直到 1965 年,人们在马德里发现了一些他的旧笔记,这件事才为人所知。一位叫查尔斯·登特的美国艺术收藏家在《国家地理》的一本期刊上读到了这个夭折的计划,并决定进行第二次尝试。他雇了一个叫尼娜·阿卡姆的雕刻家,最后完成了一个与达·芬奇记录的作品相似的巨型马雕像。虽然它不是达·芬奇设计的那件不朽的作品,但它高达 7.6 米,重约 15 吨。1999 年,这尊马雕像在米兰问世,恰好与达·芬奇的黏土模型被毁相隔了 500 年。

我愿意把这尊雕像当作拖延症患者与自己战争的里程碑。耐心点吧,总会有那么一个人,在那么一个地方,完成你想做但从未动手去做的事,哪怕时隔 500 年之久。

第五章

时钟滴答响,Deadline在逼近

> 我们不需要主动性。我们只需要他们服从命令,听从指挥,快速完成任务。
>
> ——弗雷德里克·温斯洛·泰勒
>
> 《管理学讲稿》,1907年

1911年夏天,对于马萨诸塞州沃特顿兵工厂的工人们来说,所有的抱怨几乎都源自一个名叫弗雷德里克·温斯洛·泰勒,出身富裕名门的管理顾问。近三年来,泰勒和他的助手一直偷偷盯着兵工厂的工作,手里拿着秒表,记录工人完成各种工作所花费的时间,试图提高工人的效率,避免浪费时间。泰勒希望能找到并制定出一套最为理想的标准化时刻表,让工厂中打磨工具、运送材料、浇筑大型海防炮等工作都按照这个时间表进行。

泰勒维生的手段便是——观察工人工作,尽量做到精确计算工人的工作速度(尽管他并不能次次都计算准确),然后写一份如何让工人更好更快工作的长篇报告,交给老板。

兵工厂的工人都叫他"效率狂魔"。

美国军队聘请泰勒来提高兵工厂的生产效率,这家工厂主要生产装载海岸炮和野战迫击炮的装载列车。在工业家们看来,泰勒绝对是个可靠的效率专家,他可以帮助他们管理好日趋复杂的工厂事务,并实现利益最大化。泰勒或许是二十世纪的首位管理顾问:当时,管理顾问精英们大量涌现,受到各大工厂的高价聘请。

泰勒出生于费城一个富有的家庭,但他的人生道路却不同寻常。泰勒考入了哈佛大学,但他却进入了费城的水压工厂当普通工人,随后转入费城尼斯镇米德维尔钢铁公司,从机械工一路晋升到总工程师。同时,他还是上流社会俱乐部的运动员，名声赫赫。1881 年，他和同伴在第一届全美网球锦标赛上赢得了网球双打冠军，当时，他用的球拍是自己设计的。之后他在 1900 年巴黎奥运会的高尔夫比赛中获得了第四名。

作为一名绅士，泰勒不怕干苦力，但工作却令他十分痛苦。问题就出在，泰勒常用花言巧语哄骗手下工人，压榨他们做更多的工作，招来了工人们对他的鄙视。泰勒很快察觉了工人们的不满，因此十分困扰。他曾坦言，"成天看工人们的脸色，忍受他们的怨怼，这种生活对任何人来说都十分可怕。"

泰勒在车间休息时，发现了一个没有人注意过的问题——工人们工作的方法存在巨大差异。就拿铲沙来说，每个铲沙工人使用不同的工具、不同的方法，以不同的速度，完成铲沙工作。这意味着，虽然分配给工人的任务是相同的，但他们的工作进度却不同。从理论上说，两个铲沙工人被安排了相同的工作任务，获得了同等的补贴，那么他们铲沙的数量就很有可能相等，但实际上一名铲沙工人的铲沙数量仍可能比另一个人多得多。

泰勒还发现，全体工人的工作速度往往取决于最慢、最懒散的工人。哪怕是有能力大量铲沙的工人，也不会发挥最大的潜力去铲沙,因为这么做会让他的同事感到无地自容。泰勒称这种现象为"磨洋工",而且认为"磨洋工"现象十分普遍。

"磨洋工"与拖延症有关,因为就像拖延症患者自我妨碍那样,"磨洋工"的人会阻碍团队进步。泰勒对工人工作"反应迟钝"的描述毫不留情,我读到这里,不禁想到了自己。回忆过去,我发现我工作生涯中大部分时间都在"磨洋工",几乎没有筋疲力尽地工作过。高中我在小卖部兼职,当时有一个共识,就是苹果上架不宜太快,不然会开一个坏头。上大学时,我为一家回收站运输破铜烂铁,那时我也发现,工作越快,手推车上的废物就会越多。

以上任何一种行为都很可能让效率狂魔泰勒惊诧不已。但是,泰勒说得对,"磨洋工"现象确实十分普遍,几乎各行各业都有人涌动着想要和老板对着干、散漫怠工的冲动,人们偏要做明知不该做的事(更准确地说,是偏不做明知该做的事),一些行业的员工甚至恨不得冲管理层的领导竖中指。换一种情景的话,"磨洋工"可以被认为是勇敢反抗的行为。众所周知,美国南方的黑人奴隶曾经故意做事慢吞吞,为了破坏或者拖延工程、不和奴隶制中的邪恶分子狼狈为奸,一些人甚至会服毒。

第五章　时钟滴答响，Deadline在逼近

资本主义、消费主义后期激进的反对派也是拖延症患者。哲学家居伊·德波是情境主义国际的领袖，他最著名的一句话既没有发表在书上，也没有发表在学术期刊上，而是于1953年写在了塞纳街的墙上，这句话便是 Ne Travaillez Jamais（永远不工作）。

他确实从来没有工作过，在研究德波的传记时，我了解到，他的第一任妻子为了支持他，一度去占卜赛马结果。这份工作听起来没啥前途，但如果你不想工作的话，事业成功与否，就一点也不重要了，是吧？

德波不去工作，并不只是因为他的懒惰。德波认为，工作破坏了秩序。（在他的书架上，他用砂纸包裹好早期的作品——《回忆录》，来磨破周围的书）。也许，你会对德波这样的情境主义者们嗤之以鼻，认为他们和时代格格不入而且更适合活在历史上激进的年代。但是，即便是现代最坚定的资本主义者，也仍支持他们的某些主张。比如说，情境主义的"漂流"——投机分子毫无计划、漫无目的地在城市街头闲逛，无需考虑应尽的义务，凭运气遇见一个又一个陌生人。"漂流"不只是四处闲逛，它还包括抓住一系列机遇、耽于好奇心、浪

拖延进行时
一部关于拖延症的历史，从达·芬奇到达尔文到你我

费时间等。一个下午都浪费在互联网上，打开一个又一个链接，这也算作一种"漂流"。

＊＊＊＊＊＊

泰勒主张学术研究要严谨分析，当时先进的思想家们对此十分认可。之后，最高法院的大法官路易斯·布兰代斯就十分拥护泰勒的主张，1910年，他提出了"科学管理"这个概念来形容以泰勒、弗兰克和莉莲·吉尔布雷斯（两位皆是动作研究的先驱）等人为首的思想流派。吉尔布雷斯夫妇甚至将严谨的统计方法应用到家庭生活中。《儿女一箩筐》一书和其同名电影的创作灵感，便来自他们严格的育儿方法。

1903年，泰勒在专题报告《工场管理》中经过分析，做出了以下设想：不要相信工人可以完全自主地执行任务（记住，他们大都"反应迟钝""天生懒惰"）。工人需要管理者的指引，管理者则需制定出一套标准化、优化的工作方案，并将其应用于每一项工作。他认为任何工作的"最佳方案"都与泰勒主义、高效率息息相关，管理层则要负责找到这种最佳方法，并要求工人执行。

泰勒曾在米德维尔钢铁公司的机械车间工作过,在那里,皮带转动机器会切割出固定尺寸的钢铁机车轮胎。泰勒研究了机器的操作过程后,从切割钢铁的全过程中归纳出工具形状、机器转速、钢铁种类等可变因素,量化这些可变因素,推导出了可在计算尺上计算的方程。他希望人类的工作效率能赶上机器。他认为自己所从事的事业十分崇高,并自认为很有远见,因为他让科学为工人阶级带来机遇和启蒙。

其实,泰勒的分析并没有那么科学。1898 年,他进入伯利恒钢铁公司,研究出了搬运生铁块的最佳速度。他挑选了 12 名块头大、力气大的匈牙利人,让他们挑战用最快的速度去搬运 16.5 吨铁块,最终他们用时 14 分钟。泰勒稍稍改动了数字,代到许多公式中去计算。例如重体力劳动公式,该公式规定了理想的工作时间和休息时间的比例(其实也就是多工作少休息)。泰勒又对数据进行了一些修改,得出这样的结论:一个得到适当激励,并被一直监督着的工人,每天能搬运 71 吨生铁。

先前的那些计算,如今付诸实践了。伯利恒公司将这一数据制定为他们新的工作标准。为了激励众人,泰勒为能达到标

拖延进行时

一部关于拖延症的历史，从达·芬奇到达尔文到你我

准的工人发放更为丰厚的酬劳，拒绝服从这一套标准的工人则会被解雇。

兵工厂的工人们大多是新来到美国的移民，他们因泰勒和他的大学生助手们对自己的工作指手画脚而愤愤不平。就像后来沃特顿镇的工人抗议一样，兵工厂的工人们认为泰勒的科学管理法是对他们在国防方面所做贡献的冒犯，践踏了他们的爱国心，他们实在气不过。罢工的制模工人们写了一份请愿书，控诉泰勒的方法"对于我们来说是侮辱，因为我们一直把自己最好的东西献给政府，这种做法和美国的价值观是相悖的"。

兵工厂的罢工只持续了一周，便以恢复一名因违反泰勒的命令而被解雇的工人的职位而告终。但是罢工促使美国众议院劳工委员会发起了一次调查，给了泰勒一个向全国人民解释自己理念的机会，结果却并不尽如人意。

泰勒对委员会说，"我敢毫不犹豫地说，搬运生铁是门深奥的学问，那些空有搬运生铁蛮力的人和因为生性冷漠、头脑不灵光而做这一行的人都是很难理解这门学问的。"

当泰勒将一名不愿遵守其工作标准的工人比作"能唱歌却

拒绝开口的鸟"时，一名议员愤怒地反驳他，"我们不是在谈论马或是能唱歌的鸟，我们在谈论人，人是社会的一分子，而这个社会正是为了维护人的利益存在的。"

调查结束后，议会禁止了使用秒表为工人的工作计时的方式。

虽然议会不支持，但泰勒的思想已经在西方扎下了根。他在沃特顿镇罢工事件的同年出版了《科学管理原理》，这本书后来成为20世纪上半叶最畅销的商业书籍，人们公认它是如今机场书店里关于"如何成功做生意"那类书籍的前身。彼得·德鲁克充满激情地称之为"继《联邦党人文集》后，对西方思想界影响最大、最深远的作品"。德鲁克把泰勒和弗洛伊德、达尔文并称为主导现代社会的三位思想家，泰勒本人也称自己的思想是"一场精神革命"。

德鲁克没错，泰勒的思想不仅影响了亨利·福特对生产流水线的设计，还受到两位迥然不同的国家领导人（墨索里尼和列宁）的喜爱。魏玛共和国[1]的rationalisierung（理性化）

---

[1] Weimar Germany，同Weimar Republic，指1918年至1933年间采用共和制政体的德国。其使用的国号为"德意志国"，"魏玛共和国"是历史学家的称呼，非正式。

拖延进行时
一部关于拖延症的历史,从达·芬奇到达尔文到你我

理论把泰勒式的高效与有序性当作整个经济体的基石。早在 20 世纪 20 年代,三菱等日本公司就采用了泰勒主义,并持之以恒地大力推行。20 世纪 60 年代,泰勒的儿子到访日本时,东芝公司的经理们就曾向他索求他父亲的照片,其他任何泰勒的东西也作数——哪怕只是一支铅笔,只要泰勒曾经用过即可。

* * * * * *

对经过修饰的历史持有怀疑态度无可非议,但是不难看出泰勒对我们当今的工作态度、时间观念、生产力确实有所影响。我们总被劝着"规划时间",也就是从经济的角度思考如何运用时间,把它当作需要统筹管理、合理利用的资源。(那么多与时间相关的词与金钱也相关,这难道不是一件很神奇的事吗?我们花费时间,浪费时间,节约时间,失去时间。)"时间就是金钱"这句话已经屡见不鲜,可也实在没有比这句话更能概括泰勒哲学的了。

泰勒的思想是我们在工作和生活中执迷于多产和高效的根本原因,虽然我也不清楚把多产和高效分开来看是否有任何实际意义。我们太过痴迷于此,以至于人们总能意识到时间的流

逝；以至于人们觉得永远没有足够的时间做该做的事；以至于人们不得不同时多管齐下，一边写备忘录，一边在手机震动的提醒下接二连三地忙这忙那，我们都生活在泰勒主义的影响之下。

批评家路易斯·梅南曾以"最佳方案"是如何从商学院走向大众文化为题撰文。他的结论是我们最终会内化某些理想化的个人能力，哪怕这些能力并不实际。如果我们用这种理想化能力的标准评估自己，必然会发现自己的不足，我们自己给自己做年度评审的话，只会不合格。

从自助的概念面世以来，我们就把工作和生活结合在了一起。第一本这种书（塞缪尔·斯迈尔斯的《自己拯救自己》）就提出工作需要彻底而持久的奉献。梅南是这样评价斯迈尔斯的："《自己拯救自己》的典例中，很引人注目的一点在于，书中所谈及的都是当事人全身心投入的事业，这类书籍的主流观点是事业成功是证明个人成功的唯一路径。事业成功的秘诀正是人生成功的秘诀。"这些秘诀中的一项，毫无疑问，便是最大限度地利用时间，就像利用其他珍贵的资源那样，竭尽所能。因此，拖延症就意味着我们没有利用好时间，它是我们走

拖延进行时

一部关于拖延症的历史,从达·芬奇到达尔文到你我

向成功的阻碍。只有真正自毁的人才没有时间观念——他们不节约时间,不理智安排时间,不规划时间,他们日日蹉跎。

******

随着我对泰勒著作的阅读不断深入,我觉得自己最初的反应是情有可原的:作为一个人道主义者,我对任何独裁主义或数据驱动的方法都有着本能的鄙视。可接下来发生了一些有趣的事:我开始欣赏"效率狂魔"泰勒和他的秒表。任何一个曾受优柔寡断折磨的人都知道,有时你会盼着有人来告诉你该怎么做。我生命中的一大部分时间都耗在了犹豫不决上,在不同的选择间徘徊,最终却什么也没有做,这让我体会到有人掐着秒表催我前进对防止自我懈怠是多么好的一件事。

当然,只有那些从没有和按着秒表、阴魂不散的管理者进行过抗争的人才会有这种愚蠢的想法。如果有人跑来告诉我该做什么,我恐怕也会像泰勒的钢铁工人一样选择反抗,强加的任务限制了我的选择。把反抗这些任务看作必要的英勇行为,这并不是我的个人想法,完全就是人之常情。

在布鲁斯·贝尔斯福德的电影《黑袍》中,新法兰西[1]的耶稣会传教士们告诫他们休伦的学员,要听从"船长之钟"的指令,也就是说,鸣钟将会告诉他们何时学习、何时吃饭、何时祷告。影片中有一个镜头,当钟声响起,休伦人兴奋地喊道:"'船长之钟'说话啦!"他们的兴奋源于此钟拥有传达上帝旨意的神学思想。

如今智能设备已为我们分担了许多事情:Fitbit 公司推出了一系列能够计步数的手环,手机软件测量着我们消耗的卡路里。通知、闹钟和各种提示音,这一切都在提醒我们该做什么、什么时候做,就好像泰勒"标准化作业"的升级版。对我们而言,这就好像"船长之钟"在说话。

******

我开始担心我的工作习惯。确切地说,我开始担心自己迟迟不着手工作的坏习惯。有时候我也会像泰勒一样蔑视我自身的惰性;有时候我又耗上好几个小时、好几个下午,慢慢煮上咖啡,沉浸在维基百科上爵士乐低音歌手资料的编辑与阅读的

---

[1] New France:法国位于北美洲的殖民地。

拖延进行时
一部关于拖延症的历史,从达·芬奇到达尔文到你我

过程中。

大多数时候,我在早晨总是斗志昂扬,但又会不可避免地分心、气馁,或由于其他原因偏离正轨,于是一天天就这样又被消磨殆尽。难道就没什么方法能改掉我压缩工作的坏习惯吗?我总是将时间压缩成薄薄一片,然后它就会轻而易举地从缝隙中溜走。

我知道因为这个问题而困扰的人绝不止我一个。时间悄悄地从我们身边溜走,生命像水一般从缝隙中流逝,而我们最常听到的牢骚则是:"要做的事太多啦!实在是没时间去完成啊!"我们的后代残酷无情地消耗着我们的时间,对我们拖延的状态多有怨言。而我们的工作,也像是水墨晕开般,从原先叮当作响的时钟,到孩子吵着看《反斗小宝贝》电影,到朝九晚五的工作模式,再到今天被围困的局面:夜晚,正当我们上床准备休息之时,老板突然发来邮件……

互联网革命的初衷是为了使我们工作得更快、更精、更好——有些时候,它确实做到了。但毫无疑问,科技也在分散我们的注意力。你对这种情况一定再熟悉不过了:你备上一杯咖啡,开始处理隔夜的邮件。后来终于清空了收件箱。这时你

第五章 时钟滴答响，Deadline 在逼近

被别人分享的一个链接吸引，一旦点进去，很快你就会再去点另一个链接。第一个链接多少还与你的工作内容相关，第二个则完全是消遣——也就是说，第二个链接会更令你无法抗拒，链接总是一个接着一个，接连不断抛出诱饵等你上钩，吸睛的标题层出不穷，等着你去点击（比如"十六个明星最想销毁的瑜伽裤照片"）。

然后等你起身想喘口气的时候，却发现已临近中午了。

随后你会跟往常一样，度过一个无精打采又筋疲力尽的下午。这种感觉类似于我们之前所说的倦怠感——无法提起对这个世界的兴趣。沉浸式的虚拟现实技术已经将我们实打实地和电子设备捆绑在了一起。

我的朋友劳拉在听说我的困扰之后，曾一度想要帮助我，她夺走了我的笔记本电脑，以便"对其重新设置"。劳拉的高效和我的拖延形成鲜明对比，所以我很乐意听从她的意见。她为我的电脑设置了消息免打扰模式，因此我对新消息的关注变少了，分心的频率也更低了。这确实是个好主意。但实际上，这个方法并没有奏效。它治标不治本，反倒引发了更多信息技术交互层面带来的问题。难道重置设备就能根除我内心

拖延进行时

一部关于拖延症的历史,从达·芬奇到达尔文到你我

的探索欲和自我怀疑吗?这就好比一个快被失眠逼疯的人跑去看医生,而医生只是告诉他:每晚睡前喝杯热牛奶。

为了提高我的工作效率,劳拉还将我的电脑设定了时间播报,每半小时响一次,那声音听起来就像是史蒂芬·霍金的电脑声音合成器。这个假霍金会播报:"现在是纽约时间两点整",然后大概只是过了几秒,它又开始播报了:"现在是两点三十分"——而这段时间内,我什么也没做,只是上网浏览了几张可爱的柯基犬图片。总体来说,这些报时报得都还挺准的:"一天又要过去了,你又完不成任务了。"我发现自己每天都在重演自己当年读书时周末快结束时的那种恐惧,周日下午一下子就到了晚上,立志在这个周末完成的任务又没有完成,而我将迎来下一周学校折磨人的新作业。假霍金并没有真正促使我工作,却的确让我产生了把笔记本从窗户扔出去的冲动。

大约在同时,还有一个问题,就是我用 Fitbit 手环当作电子监工,用于记录每天走了多远,消耗了多少卡路里。这听起来挺不错的,只可惜我妻子也买了一个,而我们俩又都属于不肯服输的那种人,于是双双沉溺于比谁走得多的较量中。每

第五章　时钟滴答响，Deadline 在逼近

天，我都会尽量多走路，而且一定会告诉妻子今天我又多走了多少步，希望这个数字能让她震惊。然而，她的每日步数也在上升，而且经常超过我的，于是我不得不走更多路。行人之间仿佛在上演一场冷战，不安感促使他们盲目地增加步数。接连好几天，我都在拼命地增加步行里程，没时间再忙其他的事，工作也搁下了。对我而言，再没有什么事比在 Fitbit 计步器的步数上胜过我妻子更为重要的事了。于是，我决定将其他事先放一放，在忙我该做的事之前，我还要再多走几步。

我猜你们一定会觉得这很讽刺——我本来希望通过 Fitbit 计步器来帮助我在工作中养成泰勒式的自制力，结果，却助长了我的拖延倾向。我不会为此而过度称赞或者过分谴责它，事实上，要是我有心拖延的话，我不需要借助任何设备来为我的拖延冲动开脱。就像大多数拖延症患者那样，我的内心有股强大的力量驱使我逃避工作。

当今世界，闹铃滴滴作响、手机嗡嗡震动，提醒我们去做这做那，这种生活对拖延症患者来说举步维艰。人们将这些提醒我们行动的外物称作"延伸的意志"，即那些激励或欺骗我们去行动的方法。比如，利用心理学策略，同时做一件你喜欢

拖延进行时
一部关于拖延症的历史，从达·芬奇到达尔文到你我

的事和一件你不喜欢的事——当你坐在格子间里无聊透顶的时候，想想你现在可以赚多少钱。又或者，通过改变环境的方法——就像把你推下滑梯一样，推着你去做：比如在晨跑前一晚首先备好所需要的一切物品。

人们之所以需要"延伸的意志"，因为仅仅依靠传统观念上的意志已经无法促使我们完成工作了。意志力不再像过去那样受欢迎大概是因为大量社科研究都表明了我们的自控力是多么糟糕。美国科学院各大科系都忙着统计哪些研究课题能有助于重新获得一块曲奇或者获得棉花糖奖励，这看起来不就是这样的吗？不如把美国科学院叫作棉花糖产业园吧。

用意志力驱使自己完成该做的事，这个想法很不错。但是，意志力本身就存在诸多问题。心理学家罗伊·鲍迈斯特说，意志力就像肌肉，经常锻炼才会有反应，经常不锻炼则会萎缩。意志力被唤醒后，可能会帮助你，也可能会阻碍你。所有的自由意志中，是否还有一部分自由意志，不仅会与出自本心的自由意志相悖，而且还会故意阻挠它？我真正的意愿往往和其他意愿相违背。这样到头来，没有人能做成他真正想做的事。

第五章　时钟滴答响，Deadline 在逼近

******

13 世纪，意大利半岛的小镇上首次出现了挂在尖顶塔楼上的广场时钟。各城邦在权力、名声、贸易和金钱之间的较量愈演愈烈，广场时钟就是这些较量的产物。任何一个想要跃居统治地位的城邦，都会建造广场时钟，都会认为，时钟建得越大、越高、声音越洪亮越好。这场较量又引发了城邦间的另一场攀比，他们建造的钟楼一座比一座高大雄伟。直到现在，至少还有六座城市仍在宣称自己拥有"意大利最美的钟楼"。

很快，雇主们便采用了这项新的报时技术。14 世纪，意大利商人率先使用时钟来监管工人的工作时间。马焦雷湖附近，在周围柠檬树的诱人清香中，大理石采石场的工人们为米兰大教堂切割石块，1418 年，这家采石场有了自己的时钟，用来监管工人的工作时间。与此类似，其他时钟则监管着修道院内僧侣的祷告时间以及镇上新兴商人阶级的上班时间。

也就是从那时起，时钟开始体现我们的价值。刚开始，这些尖顶塔楼刷新了我们对时间的认识，促使我们开始重视合理利用时间。据说，锡耶纳田野广场的曼吉亚塔楼得名于一个爱

拖延进行时

一部关于拖延症的历史，从达·芬奇到达尔文到你我

偷懒的敲钟人的外号"曼吉亚瓜达格尼"——即"百无一用的人"，或者说——"时间大盗"。这则警示后人的故事是这样的：敲钟人因放荡不羁而丢了工作，取而代之的是一个黄铜机械敲钟器。也许，他就是历史上第一个被雇主以机械效率更高为名炒鱿鱼的人吧。

我们大多数人和沃特顿镇的工人一样愤愤不平，因为我们发现，从某种程度上来说，按照时间表做事会让我们损失部分个性和人性。另外，我们也明白，要想好好地在世上活下去，偶尔也要做些妥协。那些我们做过的事、拖延的事和计划要做的事都是对我们的定义，哪怕我们并不清楚为什么会去做或不去做这些事。

距离钟塔在意大利如雨后春笋般纷纷建立才过去几十年，那个不按时完成任务的拖延症患者达·芬奇就画了幅《维特鲁威人》，他试图通过这幅素描来定义并描绘出理想的人体比例。达·芬奇所画的"理想人类"被置于一个圆内，举着双手。

这个人看起来，分明就像一面时钟。

第六章

利希滕贝格：播种灵感

"明天会更好。"

——利希滕贝格学会格言

18世纪的最后几十年，在哥廷根的下萨克森，街上的行人早已习惯看到这样的情境：一个人坐在哥特马街上某栋砖木房屋的屋顶，看着脚下来来往往的过客。那个人就是乔治·克里斯托弗·利希滕贝格，当时欧洲启蒙运动的学术巨星。

18世纪60年代，作为哥廷根大学诸多领域的演讲家，利希滕贝格的大名如雷贯耳，绝对称得上是18世纪环球巡讲的

拖延进行时

一部关于拖延症的历史,从达·芬奇到达尔文到你我

学术巨子:他是学术圈的一分子,与歌德[1]、康德[2]和亚历山德罗·伏特[3]为友;他的科学演示总能吸引欧洲各地的学生和仰慕者;此外,他还可以和英格兰国王谈古论今。如果启蒙运动时有 TED 演讲,那么我们很可能会看到利希滕贝格戴着假发和无线耳机在舞台上踱步的样子。

利希滕贝格身材并不高大,还有些驼背,但却带着几分摇滚明星的气质,他的讲座从来都是座无虚席,挤满了慕名前来的人们。大学之所以雇他讲演,不只是因为他的学术能力,还因为希望借助他的魅力、声望和演讲技巧吸引其他学者。

他的一生充满了激情,思想非常活跃。然而,思想过于活跃可能也是个问题——利希滕贝格从未能够集中精力做事。或许利希滕贝格这样做是有意为之?他一次次为新的突破奠定基

---

[1] 约翰·沃尔夫冈·冯·歌德(Johann Wolfgang von Goethe,1749 年 8 月 28 日—1832 年 3 月 22 日),出生于美因河畔法兰克福,德国著名思想家、作家、科学家,他是魏玛古典主义最著名的代表。

[2] 伊曼努尔·康德(德文:Immanuel Kant,1724 年 4 月 22 日—1804 年 2 月 12 日),出生和逝世于德国柯尼斯堡,德国人,作家、哲学家,德国古典哲学创始人,其学说深深影响近代西方哲学,并开启了德国古典哲学和康德主义等诸多流派。

[3] 亚历山德罗·朱塞佩·安东尼奥·安纳塔西欧·伏特伯爵(Count Alessandro Giuseppe Antonio Anastasio Volta,1745 年 2 月 18 日—1827 年 3 月 5 日),意大利物理学家。

础,可最后却只会把取得突破的机会拱手让人。举例来说,孟戈菲兄弟真正实现第一次热气球旅行前很多年,利希滕贝格就已说明了热气球飞行的科学原理——但他自己的双脚却从未离开过地面。

还有,利希滕贝格经常说要写一本亨利·菲尔丁[1]《汤姆·琼斯》[2]式的小说,不过他好像永远都没时间真正动笔。毕竟他不是要准备演讲,就是要写信或者散步,他56岁驾鹤西去时,才不过写完了小说的前几页而已。

利希滕贝格的确涉猎甚广,他对各种事物的好奇心是他的魅力所在,也是他天分的一部分。他的讲座涉及天文学、数学、地质学、气象学及试验物理学;他写了长篇大论的文章,分析英国画家威廉·霍加斯[3]的画作;他的短篇小说论述

---

[1] 亨利·菲尔丁(Henry Fielding,1707年4月22日—1754年10月8日),18世纪最杰出的英国小说家,戏剧家。18世纪英国启蒙运动最伟大的代表人物之一,是英国第一个用完整的小说理论来从事创作的作家,被沃尔特·司各特称为"英国小说之父"。
[2] 《汤姆·琼斯》是菲尔丁艺术上最成熟的代表作,同时也是英国小说史上划时代的一部杰作。
[3] 威廉·霍加斯(1697年11月10日—1764年10月26日)是英国著名画家、版画家、讽刺画家和欧洲连环漫画的先驱。他的作品范围极广,从卓越的现实主义肖像画到连环画系列。他的许多作品经常讽刺和嘲笑当时的政治和风俗,后来这种风格被称为"霍加斯风格",他也被称为"英国绘画之父"。

拖延进行时

一部关于拖延症的历史,从达·芬奇到达尔文到你我

了什么是心理学。然而,涉猎过于广泛也曾让他沮丧,因为他无法坚持完成手中的任何一项工作。在一篇日记中,他这样写道:"于我而言,孟戈菲兄弟的发明曾近在咫尺。"不难看出,这句话中透着万分遗憾,是经过当头一棒之后的懊恼。

其实,利希滕贝格的成就中也透着拖延症的蛛丝马迹。他在静电学方面的重大贡献之一,就是他放下工作到实验室整理科学仪器时偶然发现的——任何有拖延症的人一眼就能看透,那不过是逃避工作的托词罢了。之前,利希滕贝格曾制造过一个起电盘——一个直径约六英寸[1]的金属盘。后来,这种装置因朋友伏特而普及,用来制造静电电荷。可能是找个理由——随便什么理由——来延迟工作,利希滕贝格那天归置实验室的设备时,发现这个静电盘上的灰尘以某种图样聚在一起。他把静电盘上的灰尘扫掉之后,发现落上去的灰尘还是形成了和之前同样的纹路。要是用莱顿瓶[2]给静电盘充电,那效果就更令人惊讶了,就像是电力呼吸扫描器的成果。利希滕贝格发现,其实自己可以将这些图样从静电盘转移到纸上。

---

[1] 六英寸,约等于15厘米。
[2] 莱顿瓶是一个玻璃瓶,瓶里瓶外分别贴有锡箔,瓶里的锡箔通过金属链跟金属棒连接,棒的上端是一个金属球。由于它是在莱顿城发明的,所以叫莱顿瓶,这就是最初的电容器。

第六章　利希滕贝格：播种灵感

就这样，他偶然发现了静电印刷背后的原理。利希滕贝格找到了几种方法，以粉末为材料，像艺术家一样，为人们呈现出美丽的图像。他用玻璃保存这些图案，有些至今还在，看起来像是车库拍卖时的物件，就放在不到一美元的箱子里。要是选择谢礼的话，这些作品很是不错。然而，直到1938年，经过两个世纪的发展，查斯特·卡尔逊[1]才利用利希滕贝格的发现发明了静电印刷术。

利希滕贝格并不想将自己的精力集中在一处——我们干脆点吧，就将之称为拖延症，这也是他在科学史上的位置并不明朗的原因。实际上，人们现在之所以记得利希滕贝格，并不是因为他在科学方面的贡献，而是因为他是个警句家。自1765年至1799年的34年间，利希滕贝格将自己的观察、值得玩味的单句、突现的灵感以及带有敌意的评论（"每次他写完批评性评论后，都有人告诉我他得意极了……"）都记录在他口中的"草稿本"，也就是"杂记簿"中。18世纪时，商人在把交易记录誊写到更耐用的正式账册上之前，会先记在非正式的笔记本里，这种笔记本就被称为"杂记簿"。利希滕贝

---

[1] 查斯特·弗洛伊德·卡尔逊（Chester Carison，1906年2月8日—1968年9月19日），美国物理学家、发明家、专利律师。

格的杂记簿里满是简短的笔记、天马行空的想法以及自己才懂的备注。他从未想过要出版这些内容，然而，这些杂记正是他被人们铭记的原因。关于后辈的诸多论断，都建立在他在杂记簿上一挥而就的妙语名言上。利希滕贝格去世后，杂记簿取名《格言集》得以出版，据说影响了苏珊·桑塔格[1]等评论家以及路德维希·维特根斯坦[2]等哲学家。据说，后者晚期的格言作品大多得益于利希滕贝格。此外，尼采[3]、克尔凯郭尔[4]及叔本华[5]等也都经常带着崇敬之心，引用《格言集》中的内容。

---

[1] 苏珊·桑塔格（Susan Sontag，1933年1月16日—2004年12月28日），美国作家、艺术评论家。1933年生于美国纽约，毕业于芝加哥大学。著作主要有《反对阐释》《激进意志的风格》《论摄影》等。

[2] 路德维希·约瑟夫·约翰·维特根斯坦（Ludwig Josef Johann Wittgenstein，1889年4月26日—1951年4月29日），犹太人，哲学家，出生于奥地利维也纳省，逝世于英国剑桥郡，享年62岁。

[3] 弗里德里希·威廉·尼采（德文：Friedrich Wilhelm Nietzsche，1844年10月15日—1900年8月25日），德国哲学家、语言学家、文化评论家、诗人、作曲家、思想家，被认为是西方现代哲学的开创者，他的著作对宗教、道德、现代文化、哲学以及科学等领域提出了广泛的批判和讨论。他的写作风格独特，经常使用格言和悖论的技巧。尼采对于后代哲学的发展影响极大，尤其是在存在主义与后现代主义上。

[4] 索伦·克尔凯郭尔（Soren Aabye Kierkegaard，1813年—1855年），丹麦宗教哲学心理学家、诗人，现代存在主义哲学的创始人，后现代主义的先驱，也是现代人本心理学的先驱。

[5] 亚瑟·叔本华（德文：Arthur Schopenhauer，1788年2月22日—1860年9月21日），德国著名哲学家，是哲学史上第一个公开反对理性主义哲学的人，并开创了非理性主义哲学的先河，也是唯意志论的创始人和主要代表之一，认为生命意志是主宰世界运作的力量。

然而，利希滕贝格发表过的作品，也就是那些让他当时远近驰名的作品——他的科学著作、旅行札记、艺术评论——都早已被人遗忘。

警句颇适合利希滕贝格。那简直是为拖延症患者量身打造的理想形式——思想火花闪现在脑海，不必进一步论述、发展或辩驳。于警句家而言，论述只会毁掉所有。和利希滕贝格一样，维特根斯坦也喜欢写警句，他说辩论的唯一作用是破坏思想的美感。为思想寻找支撑的证据，就好比整理鲜花的时候，双手沾满了泥一样。这正是维特根斯坦设想的图景，就随他去吧。

利希滕贝格努力工作，但他却不想给别人留下努力工作的印象。我觉得，他并不排斥有所成就，只是认为若是不能通过某种特定形式，那么成就也没什么值得追求的。他似乎只想做一个潇洒倜傥的学者，虽然背后加倍努力，但看上去依然是毫不费力的样子，要是费尽心机展示自己的作品，那信手拈来的效果就会大打折扣。

像维特根斯坦一样，利希滕贝格也会用相关的意象解释自己的成果。他将《格言集》里的草记比做种子，"如果它们能找到适宜的土壤,那就能生根发芽,变成无数章节,甚至是整篇论文。"这些草记就像种子,小则小矣,但蕴含着丰富的可能性,拥有巨大的潜力。在利希滕贝格看来,它们本身虽然并不是非常重要,但可能会迸发出巨大的能量。

因此,利希滕贝格的一生就仿佛某种悖论:在自认为应该投入最多精力的地方,他有所涉猎,却也有所犹疑。不过,他认为不足为道的事情,却最能经得住考验,影响也最为深远——他的思想早已深深扎根。

在童话故事中,神奇的种子可以长成参天的豌豆藤蔓。的确,爬上豌豆藤可能要面对未知的危险,但那里同样还有无尽的财富。种子变成某种意象时,通常代表着个人的道德选择及选择所带来的后果。威利·罗曼[1]残败的花园就是他无望的象征。就算在《圣经·旧约》中,播种也被当作背叛自己人民的行为,俄南因而受到了惩罚。为了延续种族,部落仰仗的是俄南及其人民的生殖能力。在这种情况下,播撒种子确实是不恰当的,极不负责任,应该和拖延症一样受到谴责。

---

[1]《推销员之死》的主人公威利·罗曼。

虽然利希滕贝格认为拖延症于自己而言必不可少，但他对此也很懊恼。他一生中的大部分时间都在和病痛做斗争——至少他认为是这样。有人称他是"疑症病方面的哥伦布。"利希滕贝格自己这样写道："人们认为我很忙的时候，我通常是在做白日梦，会连续几个小时都想着各种奇妙的事情。"不过这样做很有必要。他称自己的白日梦是"幻想疗法"，其有效性可堪与去水疗或温泉相比。

利希滕贝格拖延的典型表现是，他该做这件事的时候，恰好发现了其他不同寻常的事情。他涣散的精力本身就是一粒种子，是他天分的来源。

18世纪某段时期，德国与英格兰之间建立了人才交流渠道，即欧洲大陆的知识分子会被派往英国，英国也会将部分尚未成年的贵族送到欧洲大陆学习。我曾听说，直到19世纪中期，还能经常在哥廷根听到带有汉诺威口音的英语。可以说，以机场和凯悦酒店为原点，辐射到全世界几乎所有角落的英语口音，正是以此为开端。

利希滕贝格的一些学生是在哥廷根学习的年轻英国贵族。出于对老师的敬仰，学生们安排利希滕贝格访问英国，祖籍汉诺威的乔治三世国王与他相谈甚欢，这不仅是因为两个人可以用德语交流，也是因为利希滕贝格为英国宫廷增添了一丝学术气息。利希滕贝格与乔治三世国王一起参观了里士满的天文台，二人颇为投契，乔治三世甚至会突然造访利希滕贝格的住所，与这位"教授先生"闲聊一二。

之前，我打算到哥廷根拜访利希滕贝格故居，并从当地人身上取长补短时，唯一担心的就是自己的德语水平。因此，动身前，我试着制定了一些德语学习计划。之所以说是试着制定，是因为我内心告诉自己要找个德语老师，哪怕是经济不宽裕的研究生都好，但实际上并没有付诸行动，我只是在网上读了很多关于学习第二语言有益心理健康的文章。一篇文章总会带我找到更多类似的文章，其中有几篇提到美国在语言学习方面的落后令人汗颜，最后一篇甚至指出美国人对外语的厌恶由来已久（的确，20世纪20年代的某段时期，内布拉斯加州曾颁布法令，规定教习外语是非法行为）。读完这些文章，我真想痛斥美国同胞——可话说回来，我自己也是以此逃避德语课的。至此，熟悉的拖延机制卷土重来：我花时间阅读学习外语之重要性的文章，恰恰成了我逃避学习外语的借口。

由于未能学习德语，我在德国逗留期间，完全陷入了茫然无措的境地。搭乘 ICE 列车从法兰克福前往哥廷根时，一串串德语广播对我来说如同天书，因此，疑忌轻而易举地攫住了我。我心知肚明，一切都是自己的错，但德语中的某些东西总让我觉得自己受到了训斥和指责。每次站台广播听起来都像在宣读我因涉嫌犯罪而即将被捕的正式文件。

我希望列车上的人都别跟我说话——列车长也好，检票员也罢，就算是卖零食的服务员最好也别跟我说话。因为我根本无法用德语对话。在列车上的大部分时间，我都在翻阅自己的德英双语版的德语常用语手册，练习"我是美国人，最近的洗手间在哪里"这句话，以备不时之需。

列车窗外是久经历史风霜的德国乡村，零星点缀着几座城堡。外面的景色会勾起人的怀旧之情，让人迷失，因为比起国内挤满上班族的列车，这辆列车造型优美、干净便捷、更具未来气息。或许列车开得越快，我们回到过去的脚步就越快——回到骄傲的亨利十世时代，回到奥托大帝的时代，回到被人遗忘、优柔寡断的卡洛林王朝——曾经与未来相隔甚远，却又触手可及。

拖延进行时
一部关于拖延症的历史,从达·芬奇到达尔文到你我

  哥廷根是一座古老的城市,在像我这样生长在中西部的美国人眼中,20世纪中期留下来的购物中心就已经当得起"古老"二字了,所以哥廷根在我们眼里简直就是特洛伊城。二战时期,哥廷根躲过了同盟国的空袭,所以现在街上还能看到14世纪的房屋和商场。此外,一段中世纪的环城城墙依然沿炮塔街矗立着,是当地人散步时最喜欢去的地方,或者喝几杯啤酒,或是吓唬几个路人。这个地方古老的历史,还有骑着自行车到处游览的青年才俊,都极具吸引力,至少在我看来如此。可利希滕贝格却说哥廷根是"可怕的洞窟"。不过,既然那是他的家乡,那么或许他说的也有些道理吧。其实,利希滕贝格总想要搬到好朋友伏特的家乡意大利去,不过从未成行——大概是因为他不会意大利语吧。

  利希滕贝格对哥廷根的忠诚最终得到了奖励——当地有很多纪念碑都为他而建。在六个多世纪前的大学图书馆圣保罗教堂旁边,一尊利希滕贝格的雕像被安放在长椅上,他双腿交叉,如小威廉·法兰克·巴克利[1]一般;拖着马尾辫的假发,

---

[1] 小威廉·法兰克·巴克利(William Frank Buckley Jr., 1925年11月24日—2008年2月27日),美国媒体人、作家、保守主义政治评论家,政论杂志《国家评论》(National Review)创办人。他一生的政治活动主要在于努力把传统的政治保守派、自由放任经济思想及反共主义统合起来,替以巴里·戈德华特和里根为代表的现代美国保守主义奠定了基础。

第六章　利希滕贝格：播种灵感

几乎把他的驼背全都遮住了。在跟圣保罗教堂隔着几条街的地方，利希滕贝格笔直地站在圣约翰尼斯后，身高1.5米的他，驼背也并不明显。利希滕贝格的身材确实矮小，据说到餐厅吃饭时，为了能够得着桌子，他得垫着书坐才行。

哥廷根很欢迎科学家们——至少现在是这样。20世纪30年代时，纳粹分子认为这里的大学是臭名昭著的"犹太物理学"的中心——数学、空气动力学等学科大多诞生于此，所以，这几个科系中，几乎所有人都逃到了美国或英国。现在，哥廷根的很多街道都以被迫害的思想家命名，一些古老的建筑物上还镶着徽章，纪念某些学者曾居住于那里的岁月。

我只做旅行计划就花了很长时间，不断等待的后果之一——也就是拖延症的后果之一——就是虽然到了你想去的地方，但你却不知道要去哪里吃饭或要跟谁共享美食，因为这种机会早已被淹没在所谓的"提前规划"中了。我独自到酒店旁的一家意式餐厅吃晚餐，直接就在我认为的餐厅酒吧区坐下了。结果，我发现，那里只是一间多功能厅，并不是主餐厅，主要用途是餐厅工作人员休息时的吸烟室。当我意识到自己的错误时，实在非常尴尬，甚至都没说要把座位换到真正的

拖延进行时
一部关于拖延症的历史，从达·芬奇到达尔文到你我

用餐区。我决定就这样坐着，坐在我心知肚明并不是酒吧区的地方，时不时地，就会有个洗碗工出来抽烟，看我一眼，纳闷为什么一个美国人会在自己的休息室吃东西。那天晚上，对我最友好的是经理的某个朋友带来的一只温顺的短腿小狗。经理和自己的朋友说话时，这只小狗就在"非酒吧区"，待在我附近，我用卡通片里小狗的声音跟它说了几句话，还偷偷喂了它几口小菜。餐厅员工好像都认识这只小狗，轮流出来陪它玩儿一会，蹭蹭它的鼻子。我觉得这种画面非常温暖，可我后来突然想起来，餐厅的工作人员也许会用刚刚摸完狗狗的手为我准备下一道菜。好吧，没问题，或许狗狗还能让食物更好吃呢。

在我访问期间，我一句德语都没说——部分原因是我不会讲德语；还有一部分原因是，大部分我遇见的德国人英语都很流利。记得有一天早上，我去了在镇上广场举办的每周市集，想随便和谁闲聊几句。我想了解的是利希滕贝格，但跟我说话的当地人却只想了解大卫·福斯特·华莱士和美国政治，可无论用哪种语言，这两个话题都会让人抓狂。

我好像不太擅长社交。利希滕贝格也说过，比起与人互动，远远观察要更舒服一些。从房间往外看哥廷根的街景

第六章 利希滕贝格：播种灵感

时，如果看到了熟人，利希滕贝格一定会退回到房间里，免了两个人打招呼的尴尬。在英格兰的时候，利希滕贝格在给威廉·赫歇尔的信中说，自己一般不去品茶、打桌球，而是会"带着望远镜"到教堂塔楼的高处，远离熙攘的人群，静静地观察。

利希滕贝格的慎重警觉与他的拖延症相辅相成，与他的矛盾心理也是。冷静、情感距离、拒绝承诺——这些都是我们推却行动的借口。在利希滕贝格身上，浪漫的内心和科学式的客观交织在一起，他既是梦想家，也是经验主义者。难怪他有的时候也不知道自己要做什么。

我们中的大多数人都同样复杂，都有相互冲突的两面：既有像老虎的一面，又有像绵羊的一面；既有英雄的一面，又有平凡的一面；既有蝙蝠侠的一面，又有布鲁斯·韦恩[1]的一面。（这和罗兹·查斯特的漫画《身心问题》中的描述很像：一个忧郁的人靠在沙发上，他的思想说："快起来。"可身体却在说："我不要。"）

---

[1] 布鲁斯·韦恩（Bruce Wayne）即蝙蝠侠（Batman），是美国DC漫画旗下的超级英雄，初次登场于《侦探漫画》(*Detective Comics*) 第27期（1939年5月）。

拖延进行时
一部关于拖延症的历史,从达·芬奇到达尔文到你我

我们天性的多个方面有时候也需要一决雌雄,斗争激烈的时候,我们能做的只有拖延。

* * * * *

哥廷根是利希滕贝格的家乡,所以那里的人记得他也无可厚非。不过,出人意料的是,在乔治亚州的纽南,也就是距离亚特兰大南边一公里车程的小镇,利希滕贝格也颇受人尊敬。这是因为,纽南是利希滕贝格学会全球总部的所在地。这个学会规模不大,由一些拖延症患者组成,他们会定期纪念利希滕贝格及其习惯性的拖延状态。学会的创立者是退休教师兼社区剧院总监戴尔·莱尔斯,纽南就是他的家乡。

戴尔住的是一栋手工打造的小木屋,很漂亮,位于一条安静的小街上,离纽南法院广场不过隔了几条街而已。纽南法院广场上可没有利希滕贝格的塑像,只有高大的联邦士兵在站岗。戴尔小木屋的后院里有一个他几年前建的迷宫,可他建造迷宫的那段时间原本应该是他写歌剧的时间。其实,戴尔根本就没时间动笔写歌剧,毕竟他所有的精力都用在了后院的迷宫、附近的火山坑以及树荫花园上。春日的晚上,拿着一杯鸡

尾酒，到那个美丽且凉爽的花园里小坐，不可谓不惬意。至于歌剧，我们之后再说好了。

几年前，就是在这个后院里，莱尔斯和朋友们组建了利希滕贝格协会。当时，他和镇上的几个朋友们一起聚会，庆祝冬至——这似乎是个可以频频聚会的契机。他们是一群想象力非常丰富的人——有作曲家、作家、艺术家、演员，还有专业的小丑。那次聚会上，大家围在炉火边，拿着鸡尾酒，如往常一样谈论艺术、哲学和文学批评等话题。这时，有个人引用了利希滕贝格的警句："反其道而行之也是一种模仿。"此前，莱尔斯根本不知道利希滕贝格是何许人也，但这句话深得其心。于是，莱尔斯查看了利希滕贝格在维基百科上的介绍，了解到利希滕贝格这个人灵感如泉涌，不仅有对学术的好奇心，而且总会随着好奇心的转移，从这门学科转向另一门学科。这就是利希滕贝格和莱尔斯他们的共通点。后来，莱尔斯读到了这句话："利希滕贝格有拖延倾向。"

莱尔斯和朋友们都很有想法，只是很少会真正实践。他们明白拖延症的含义，那是他们的砒霜，也是他们的秘密乐园。那天晚上，莱尔斯提出组建学会，纪念启蒙运动中拖延的鼻祖利希滕贝格。于是，大家研究制定了细节。学会应选举各位负责人，并定期开会。此外，大家还要制定学会章程。不过，鸡尾酒当然也必不可少。

不到一周（这对一群拖延症患者来说简直是神速），他们就成立了利希滕贝格学会，并以"Cras melior est"为学会格言。

即，"明天会更好"。

还记得利希滕贝格未竟的事业之一就是写一部汤姆·琼斯式的小说吗？因此，利希滕贝格学会的第一项行动，就是每位创始人都要写几页小说，关乎风月，关乎传奇。不过，每个人只要写几页就好，反正也没人真的想成为这方面的专家。

值得注意的是，利希滕贝格学会的人完成得都不错。学会新任警句家马克·荷尼写的那个章节，不只模仿了菲尔丁华丽的格鲁吉亚式散文，还借用了威尔士流行歌手汤姆·琼斯那首《并非不同寻常》(It's not unusual)中的歌词。

研究过程中我见过不少人，戴尔·莱尔斯的容忍度最高。实际上，他本人非常友好善良。我第一次给戴尔·莱尔斯打电话时，他正在给刚搬来的邻居烤香脆玉米片。当时，这种善意就给我留下了深刻的印象，但他对我更为热情。戴尔不仅邀请我到纽南见面聊天，还说要利希滕贝格学会的人专门为我组织一次见面会。见面会就在莱尔斯的后院里进行，我们坐在阴凉里，宁静舒适，他还搭了一个临时的酒吧，点着篝火。利希滕贝格学会的人真的是热情好客。

利希滕贝格学会一方面鼓励其成员努力实现其创造性需求，另一方面也鼓励成员拖延的行为。乍看之下，这两方面似乎相互冲突，但其中却蕴藏着利希滕贝格式的逻辑。以莱尔斯后院迷人的迷宫为例，那就是莱尔斯利用应该写歌剧的时间完成的。后来，他本应给南希·威拉德的儿童书《参观威廉·布莱克旅馆》的舞台剧版本配乐时，却写完了之前拖了很久的歌剧。不过，歌剧最终也没获得什么突出的成绩，莱尔斯到德国参加了比赛，却没有获胜。莱尔斯后来终于着手给《参观威廉·布莱克旅馆》配乐，并称自己在管弦乐编曲方面更有信心了。

那天晚上，我和利希滕贝格学会的人坐在炉火边时，莱尔斯对我说："可笑的是，逃避任务也有好处，毕竟如果更多的

拖延进行时

一部关于拖延症的历史,从达·芬奇到达尔文到你我

艺术家能在影响别人之前就此罢手,那么世界就会更美好。不过,有证据表明,逃避任务也是接受任务的一种形式。"

我记得,那天晚上,祷告旗挂满了戴尔的后院,钟声在空气中回响。戴尔又给我倒了一杯波旁图卡鸡尾酒。我很高兴,靠在椅子上,听利希滕贝格学会的人谈论着教育、艺术、"糟糕的艺术",还有幸福到底是不是值得追求的个人目标。利希滕贝格学会的成员并非一群懒汉,要想加入学会,还要达到一定标准。学会章程上有说:"学会成员应在获得成员身份的投票前或投票后,提交一份具有创造性的作品。"不过,章程上也说,不必因此强迫自己。"以本学会之名,不要求(甚至实际上并不鼓励)上述作品应是完整且成功的。"

对利希滕贝格学会的人来说,进度缓慢、拖延或犹疑都是创作过程中必不可少的部分。戴尔注意到,拖延这件事意味着完成另一件事。他们早已注意到,在这一秒,比起自己应该完成的事情,未经批准的事往往更值得关注。从这一角度看,如果你尽力睁一只眼闭一只眼,拖延症也可能成为成功的催化剂。受此启发,戴尔动笔写了一本关于这一矛盾思想的书。

这种积极主动性很可能招来整个社会的责难。

*****

几乎人人都有拖延症，有鉴于此，那常有拖延症患者要组成个小团体也就不足为奇了。而且，这些拖延症患者都喜欢"无聊"的笑话，所以你经常会看到他们聚在一起，却打着这样的旗号：拖延症俱乐部会议——推迟至明日举行。

有些拖延症组织跟匿名戒酒会的模式一样，会得到外界的支持。提供帮助的人主要是想帮助拖延人士克服这种习惯。不过，有些拖延症组织里的人就是想要拖延，毫无愧悔之心。美国拖延症患者俱乐部就属于第二类。该组织由广告经理莱斯·沃斯于1956年创建，总部位于美国费城。沃斯于2016年去世，生前曾在广告音乐方面大放异彩，写就了约一千条广告配乐，其客户不乏假日酒店及福特汽车等公司。这些广告配乐中，最著名的当属他为富豪雪糕车写的。直至今日，富豪雪糕车夏天穿行在美国15个州的大街小巷中时，仍在播放那首配乐（"当今最著名的雪糕车配乐"——《牛津移动音乐研究手册》第2卷中如是说）。

其实，沃斯创建拖延症患者俱乐部纯属偶然。有一次，沃

拖延进行时
一部关于拖延症的历史，从达·芬奇到达尔文到你我

斯在费城一家住满记者的酒店里张贴了一张告示，说拖延症患者俱乐部会议将推迟举办。可媒体纷纷想了解更多关于这个俱乐部的情况，于是沃斯只好顺势成立了这个俱乐部。他的官方头衔是代理总裁。沃斯从没有真正成为总裁，对此，他的解释是，1957年，委员会要选举俱乐部常务总裁的会议一直未能举办。

每隔一段时间，沃斯就会组织俱乐部成员进行户外活动，这些短途旅行总是会延期举行。比如，1965年末的旅行就是去纽约世界博览会。可惜，博览会早在18个月之前就已经闭幕了。此外，20世纪60年代末期，沃斯及其俱乐部成员进行了一次反战抗议。结果，他们反对的竟然是1812年的战争。沃斯本人认为那次抗议非常成功，他这样告诉记者："毕竟战争已经结束了。"

沃斯的拖延症患者俱乐部及莱尔斯的利希滕贝格学会的立足点就是对守时、高效、奔忙等传统价值观的颠覆，是故意为之，且不乏幽默气息。利希滕贝格学会的年会上，各位成员会列明本年度的创造性目标，并回顾前一年的进度。如果一个成员赢得了过多认可，或用传统方式获得了成功，那大家就会对

他侧目。

从某种意义上说，拖延症说出来就像一个绕口令：你应该做某件事却没有做；你没有在应该做某件事的时间做某件事；你做了某件并不应该当时做的事，这是绝对的喜剧。就像在葬礼上大笑一样，拖延症也有同样极为不合时宜的效果。

从另一方面看，拖延症也是最严肃的事情。我们可利用的时间有限。如果浪费时间的话，你终有一天会扪心自问"时间都去哪儿了"？这非常值得思考，毕竟这已经严肃到你需要大笑出来才能让自己变得不那么严肃。你会认识到，生活直到走到生命的最后一刻都不过是由一系列片段堆砌而成。你已经认识到了这一点，明白其重要性，知道必须迎头面对。可谁让你是个拖延症患者呢，面对这种事，等一等也无妨。

*****

要想给拖延症找个台阶其实并不难：可能是对专制强权的勇敢反抗，也可能是对全球资本主义普遍伦理的批评。对于

拖延进行时
一部关于拖延症的历史，从达·芬奇到达尔文到你我

德·昆西[1]和奥斯卡·王尔德[2]这样的作家来说，拖延就是其个人风格的一部分。

作家可能是世界上最顽固的拖延症患者，这真是奇怪，因为他们要写作，最后期限本应该是神圣不可侵犯的。作家道格拉斯·亚当斯曾表示"我喜欢最后期限。我喜欢它们快速经过时'嗖'的声音。"2001年，道格拉斯去世时，他的最后一本书还没完成，而距离完成那本书的最后期限已经过去了12年。

说到为拖延找借口，作家可谓天赋异禀。有人会谈论"会计模块"吗？汽车修理工开工之前会想来一次洗涤灵魂的海滨漫步吗？不妨这么说，就连踱步这种为寻找创意而准备的陈词滥调，也是一种拖延。我曾经以为，踱步是寻找重要灵感的方式，是让肢体运动带动思想的齿轮。不过，可能所有的推脱都只是模拟了我内心的纠结，或者说我内心的犹豫：是坐在这里好还是坐在那里好？是写这个还是写那个？我是不是不应

---

[1] 德·昆西（Thomas De Quincey，1785年8月15日—1859年12月8日），全名：托马斯·德·昆西，英国散文家、文学批评家。

[2] 奥斯卡·王尔德（Oscar Wilde，1854年10月16日—1900年11月30日），出生于爱尔兰都柏林，19世纪英国（准确来讲是爱尔兰，但是当时由英国统治）最伟大的作家与艺术家之一，以其剧作、诗歌、童话和小说闻名，唯美主义代表人物，19世纪80年代美学运动的主力和90年代颓废派运动的先驱。

该当作家？或许我能找到一份不需要盯着白纸，不需要盯着光标的工作吧。

威廉·加斯[1]为了写一本《隧道》[2]花了三十年。里尔克[3]为了完成《杜伊诺哀歌》[4]，十年的时间里不只经历了第一次世界大战，还要和自己的抑郁症做斗争。我并不想直接和这些人比较。里尔克的主题是本体论的折磨以及存在性的痛苦。为了《绅士季刊》上的开篇，我在选择七百多个单词的过程中纠结了很久。但里尔克深知，有些工作不必直接完成，他在一封信里这样写道："我经常自问，我们被迫休息的日子，不正是活动最积极的日子吗？"可能写这封信的时间本应该用来做某些实际工作吧。"回顾一番，我们所做的一切，绝不仅是闲散时光中某些大事最后的回响。"

---

[1] 威廉·加斯（William H. Gass，1924年—至今），美国后现代作家、语言哲学教授、文学评论家。
[2] 《隧道》罗德里克·戈登与布莱恩.威廉斯联合作品。
[3] 赖内·马利亚·里尔克,（Rainer Maria Rilke，1875年—1926年），奥地利诗人。出生于布拉格，早期代表作为《生活与诗歌》(1894)、《梦幻》(1897)、《耶稣降临节》(1898)等；成熟期的代表作有《祈祷书》(1905)、《新诗集》(1907)、《新诗续集》(1908)及《杜伊诺哀歌》(1922)等。
[4] 本书旨在为认识里尔克的神学思想提供最基本的文献：除《杜伊诺哀歌》和《致奥尔弗斯的十四行诗》外，勒塞的"里尔克的宗教观"提供了对里尔克神学思想的一个全面的、批判性的分析，文中还包含一些里尔克日记和书信中的有关宗教思想的重要材料；此文宜作导论研读。

拖延进行时

一部关于拖延症的历史，从达·芬奇到达尔文到你我

这正是每个拖延症患者都应该熟练掌握的神奇思想。无所事事并不代表着无所作为，只是一种看不见的活动，之后才会带来成果。的确，我可以花一整天时间完成自己分内的工作内容，但如果我把这些时间用在清理转笔刀上——谁知道会带来怎样的奇迹呢？所以，我真的应该把时间用在单纯的工作上吗？

有些人认为，追求完美或害怕失败是自身拖延症的原因。也就是说，知道自己能做对做好某件事之前，他们绝不会动手。我们中的很多人之所以停滞不前，就是因为对自己不够了解。乔治·艾略特[1]所写的《米德尔马契》[2]中的主人公卡苏朋先生，一直都在艰苦地进行前期研究，根本就无法真正动笔。不过，他想写的书名叫《神话之关键》，所以想必他的拖延对读者来说是件好事吧。

其实，卡苏朋先生这个角色很荒谬——换言之，他代表了

---

[1] 乔治·艾略特，（George Eliot，1819年11月22日—1880年12月22日），英国作家。原名玛丽·安·伊万斯（Mary Ann Evans），1819年出生在华威郡一个中产阶级商人家庭，19世纪英语文学最有影响力的小说家之一。与萨克雷、狄更斯、勃朗特姐妹齐名。

[2] 《米德尔马契》是艾略特较成熟的一部作品，也被许多批评家认为是她的代表作。小说塑造了约一百五十个"圆型"或"扁平"人物，并将他们安排在错综复杂的社会关系中，再现了一个完整的社会结构。

很多人。他习惯性的逃避——这既是一种自我保护，也会让人深感受挫——所有拖延症患者都深有体会。因此，创造卡苏朋先生这一角色的人肯定也有体会。在拖延的艺术方面，艾略特简直就是个英雄一样的存在：她三十多岁才开始写作，饶是这样，还得靠朋友们不断敦促才行。

不过，在众多关于拖延的文学作品中，哈姆雷特的犹豫给人的印象最深刻。可以说，哈姆雷特这个学生王子，也是当今拖延症本科生的前辈。（那么多英文论文都以哈姆雷特的拖延为主题，所以论文在最后一分钟才完成也无可厚非吧？）如果哈姆雷特认可家族复仇的旧式荣誉准则，那他对父亲之死的反应就是自然而然的。但哈姆雷特代表的应该是存在主义新英雄，也就是说，在做一件事之前——对哈姆雷特来说，就是杀死新国王——他一定会为自己是谁、自己要做什么、生命的意义以及永恒的奥秘而苦恼。的确，这些都是他遇到的困难，但这也正是他和我们一样的关键。他的自由意志、他的选择以及他的冲动都源于他的无可奈何。

研究人员认为，拖延症只是冲动的一种，是未能成功控制欲望的表现。果真如此的话，那和哈姆雷特杀死波洛尼厄斯时毫不眨眼的轻率情形相比，拖延只是他的另一面而已。从另一方面看，哈姆雷特的拖延症已经过多个世纪的分析和讨论。不过，真的有必要对此做出解释吗？总而言之，在杀死叔叔时犹豫一下并不奇怪，要是他杀人之后毫无内疚不安才真的会令人困惑。在哈姆雷特的这个例子上，行动——无论是假装的行动还是做出某种艰难决定的行动——都值得怀疑。行动意味着表演，是假装的。从这个角度看，行动并不真实。迟疑和拖延反而更有真实的意味。令哈姆雷特苦恼的军事行动准则对矛盾心理、良心或内省毫无用处。和泰勒主义[1]一样，那绝对是"最佳方式"。

* * * * *

我最开始拖延的时候，和大家都一样，就是把小时候分给我做的一些琐事——打扫房间、给花园除草、倒垃圾等——全部能拖就拖。迟迟不做家务的孩子拖着的不是家务，而是自己的童年，他们并不想走进要对人生负责的阶段。周六早上，在我本应该用来收拾床铺的时间里，我却总在看电视剧。电视

---

[1] 泰勒主义一般指泰罗制，是美国工程师弗雷德里克·泰罗创造的一套测定时间和研究动作的工作方法。

里，歪心狼一直在追着 BB 鸟。那时我就感觉到了一个心碎的事实，即歪心狼永远追不上 BB 鸟，它的梦想永远不会实现，它的任务永远也无法完成。歪心狼身上有某种英雄的特质，不过，我也能看出来，它身上也有一些愚蠢的地方。举例来说，如果看到有人晚上走进炸药棚，为了能看清居然划了根火柴，你也一定会觉得它很愚蠢。不过，它的愚蠢并不能磨灭其英雄的特质——就算马上就有大石头掉下来，就算大石头是它自己从悬崖上弄下来的也一样。

周六早上的动画片让我第一次认识到了拖延这一过程的美妙之处。将做不做就意味着永远都在路上，就意味着可能性永远都在。我觉得，这就是歪心狼能被称为浪漫主义英雄的原因，当然，它也是个十足的傻瓜。万事开头难，但同样孕育着巨大的希望。那时，我们能感受到无尽的潜力。以作家为例，如果觉得自己写的东西很差劲，那他们就会因为害怕失败而停笔。不过，好消息是，如果要是作品一直都在书写中，那就还有变得出色的可能。(一切皆有可能。)

这就是拖延症患者不想完成任务的原因之一，因为只要项目还在进行中，他们就始终能期望完美的结果。一旦任务

拖延进行时
一部关于拖延症的历史，从达·芬奇到达尔文到你我

完成，那么它就成了其他不完美创造者美好（但失败）的作品。早起的诺斯替教师巴西里德认为，存在本身就是一种退化，只有非存在才代表着完美。（有时，我在回家路上坐地铁时会灵感突现，可等回到家我把它们写下来时，就觉得没那么神奇了，这可能就是原因。）

由此可见，拖延症患者想要延长的是过程。他总是不想写故事的高潮，毕竟它真实的目的不是实现目标，而是不断追求。凤愿得偿只会耗尽所有的可能性，只会限制一切可能的发展。

只要一切都在进行中，那么一切就皆有可能。过程的美妙指向的是永恒。济慈在《希腊古瓮颂》中描述的爱人一直保持着将要亲吻的样子。这是极致的拖延，过程的曼妙就定格在时间无涯的艺术中。诗人对爱人们说："虽然万分接近——但不要悲哀。"真正那一刻的到来遥遥无期。

我到乔治亚州纽南的那个晚上，和戴尔·莱尔斯交流了自己对过程、拖延和《希腊古瓮颂》的看法。正因如此，我在晚餐时才喝了寥寥几杯。戴尔带我去了一家叫"肉喜"的汉堡店，如果我没记错的话，我喝的是他们的特调鸡尾酒之

第六章 利希滕贝格：播种灵感

———"蛋黄酱的香气"。之后，我们走过纽南的中心地区，看了看法院广场上联邦士兵纪念碑和1864年纽南郊区布朗斯米尔（Brown's Mill）之战的牌匾。那场战役发生在联盟军突袭的过程中，主要目标是占领附近的安德森维尔监狱，解放30000名饱受折磨的联盟军士兵。但这次突袭真的是弄巧成拙了，联盟军受挫，叛军夺得了布朗斯米尔战役的胜利，结果又有13000名联盟军士兵被关进了安德森维尔监狱。

在词源学中，安德森维尔因作为"deadline（死线）"一词的发源地而出名。"死线"最开始指的是一条实际的线，一旦犯人迈过这条线，就会有被射杀的危险。现在，这个词的含义有所变化，对拖延症患者来说也没那么可怕了。美国内战中，还出现了史上最著名的拖延症患者，即臭名昭著的联盟军将军——犹豫不决的乔治·麦克莱伦[1]。在成为联盟军将领后不到一年的时间里，麦克莱伦在作战准备及计划方面表现得近乎虔诚。实际上，他计划、准备得非常多，甚至都没时间将自

---

[1] 乔治·布林顿·麦克莱伦（George Brinton Mcclellan，1826年12月3日—1885年10月29日），美国军事家，在南北战争第一年整编军队，成绩卓著，被誉为"小拿破仑"。但由于屡屡不能取得对南部邦联军的优势而被众口交贬，解除军职。后来，麦克莱伦重新赢得了公正评价。1864年作为民主党总统候选人参与总统竞选，1877年当选新泽西州州长。1885年10月29日在新泽西奥兰治去世，终年59岁。

拖延进行时

一部关于拖延症的历史，从达·芬奇到达尔文到你我

己计划的内容付诸实践。他不愿对敌作战，其他将领对此都心知肚明。将军亨利·哈列克怒气冲冲地宣扬道："大家根本想象不出来什么叫雷打不动，我看只有阿基米德的杠杆才能撬动那种惰性物质。"林肯总统的话简明扼要，他说麦克莱伦就是"磨洋工"的典型代表。

问题不在于麦克莱伦军队的袖手旁观，而是他们完全没有听从林肯击敌的命令。部队不是要侦查，就是要训练或游行。麦克莱伦和很多大将一样，是完美主义者和控制狂。但在当时的背景下，完美主义大概是不安全感的挡箭牌，遮住了他对自己能力的怀疑。所以，修订、调整、重新考虑和重新开始等情况源源不断。他的准备精细谨慎，与小学生仔细削铅笔，以此拖延图书报告的行为毫无二致。

在乔治亚州的时候，除了见识了各种联邦士兵的纪念碑，我还突然意识到自己对拖延症的执迷，让关于内战的一切都变得似乎很奇怪、很不合时宜：被推迟的决定（我想到的是美国关于奴隶制的问题——这是个连创始人都无法解决的问题）；矛盾的政体，被撕裂成明显不协调的两段；自我毁灭的冲动在全国范围内不幸地蔓延。战争是拖延症带来的教训之

第六章 利希滕贝格：播种灵感

一，对整个国家来说，如果未能及时解决某个问题，就可能引发更大的矛盾。

我和戴尔走过纽南镇广场的时候，讨论了拖延症患者将拖延这一习惯合理化的能力。麦克莱伦肯定不认为自己是个拖延症患者，他只会认为自己是个较真的人。不过，话说回来，对于要对上万士兵生命负责的人来说，过度谨慎、过度准备可能也无可厚非。麦克莱伦奋力维护自己，维护自己一生都在犹豫的战场，甚至在1984年还帮助自己的老领导林肯竞选总统。可实际上，麦克莱伦就是典型的自我保护型拖延症患者，深信现在的逃避能让他更好地应对未来会出现的某种挑战。换言之，至少在他心里，他根本就没有拖延症。

拿利希滕贝格来说，其实他只在演讲厅驾驭过自己的观众，即使懒散一些也无伤大雅。不过，想起自己唾手可得的机会，他也颇为懊恼。利希滕贝格是个一丝不苟的人，他总在筹备某件大事，只是从未实践——就像鸿篇巨制的流浪汉小说，他要"用尽一切办法"。因此，利希滕贝格会同时顾及多个方向，听从自己的好奇心。这样做可能会带来混乱和困惑（见其杂记薄），但也可能带来灵感（见其杂记薄）。

拖延进行时
一部关于拖延症的历史,从达·芬奇到达尔文到你我

利希滕贝格认为,自己的方法非常独特,但是按照当时传统的科学标准来看,他的方法并不奏效。因此,在利希滕贝格晚年,他这样总结了自己的事业:"我像跟着主人散步的狗一样,走过了通往科学的路,往返千万次,所以到达时已疲惫不堪。"

可就算在承认失败时,在其谦让的魅力中,依旧能找到利希滕贝格成功的痕迹。戴尔·莱尔斯和他的朋友们以及很多人都发现了利希滕贝格身上的特点——与拖延密不可分的机智、怀疑精神以及语言表达上的优雅。

我问他为何组建这一学会时,戴尔回答说:"我必须得找到利希滕贝格的追随者。"

那么,这就是拖延症患者会拖延的另一个原因了。之所以拖延,是因为我们明白,拖延会以某种方式,将我们与有同样特质的人联系在一起。通过这种方式,我们的缺点反而成了特点。

我曾想过,搭飞机到德国,之后再去乔治亚州拜访戴尔·莱尔斯,实际上是自己用了一种巧妙的方法,拖延应该完

成的工作。但就从亚特兰大回家的飞机上，我又开始计划自己的下一次旅行。我搭乘的是三角洲航空公司的 2350 号航班，座位号是 11D。从我的高度看，也就是从利希滕贝格就算搭乘热气球也无法企及的高度看，就连拖延这件事，我都没有找到正确的方法。我就像一个大忙人一样，特意用各种旅行分散自己的注意力。在避免完成某一项任务的过程中，我实际上完成了很多其他的任务。由此可见，只要拖延症患者的任务是拖延，他们就是集大成者。

第七章

赖特：就让拖延将我牢牢捆绑

> （因此，带上我，将我）牢牢捆绑，使我只能待在原处，
> 缚在桅杆之上，被绳索牢牢绑紧。
> 如果我恳求、命令你们为我解绳索，
> 你们要更牢固地用绳索把我捆绑。
> ——荷马，《奥德赛》第十二卷，
> 萨缪尔·巴特勒译[1]

---

[1] 译文选自王焕生先生《荷马史诗·奥德赛》译本。括号中内容为王焕生先生译文中未体现部分，为贴近本书原文，故进行增补。

拖延进行时

一部关于拖延症的历史,从达·芬奇到达尔文到你我

至少于我而言,条条大路通"拖延"。没想到,我开车在宾夕法尼亚州西部迷路的时候,这种陈词滥调竟然成了活生生的现实。

我去宾夕法尼亚州是想看看流水别墅。那是弗兰克·劳埃德·赖特[1]为百货公司巨头埃德加·考夫曼在匹兹堡南部设计的度假别墅。流水别墅是会让建筑爱好者有敬仰之情的建筑。虽然我从未见过这样的建筑,但我仍有去那里朝圣的冲动,哪怕去一次也好。去流水别墅就像一次朝圣,山庄周围尽是荒野,就算不需要虔诚的灵魂,至少也要有找到山路的强大意愿,毕竟导航在丘陵地带并无用处。在道路崎岖的乡间,你总能看到很多跟《摩西十诫》[2]中描述相似的前院——我猜是一样的,因为那些院子的草坪上都立着石碑装饰。

流水别墅位于月桂岭流域。周围山坡的砂岩中长满了杜鹃花。美国山脉众多,月桂岭是最西边某条山脉的分支。在殖民

---

[1] 弗兰克·劳埃德·赖特(Frank Lloyd Wright,1867年6月8日—1959年4月9日),工艺美术运动(The Arts & Crafts Movement)美国派的主要代表人物,美国艺术文学院成员。美国最伟大的建筑师之一,在全世界享有盛誉。

[2] 《摩西十诫》又称"十诫",传说是神在西奈山的山顶亲自传达给摩西的,是神对以色列人的告诫。神亲自将这些话刻在石碑上,送给摩西。但是,后来摩西看到族人根本不听从这些戒条,一怒之下就将石碑毁了。神又命令摩西再制作新的石碑,完成后,放在约柜(Ark of the Covenant)里。

时代的西进运动时，这些大山曾挡住了人们的步伐。我在山地和低谷中开着车，朝流水别墅走去。一路上，我深刻体会到，一名 18 世纪的农民要把货物运送到市场时，人迹罕至的荒野似乎就是不可逾越的障碍。空旷和丘陵中的某种东西，总会让人茫然。开着车的我，脑子里想着的一直是 18 世纪的人们如何运输产品，所以也深深地迷失其中。

我开着车绕圈时，忽然想到，拖延其实也是一种迷失。和我当时经历的在地理空间上的迷失一样，拖延也是一种暂时性的迷失。我想，二者的区别在于拖延症患者的迷失是有意为之。拖延实际就是某种时光旅行，通过把活动从真实的现在转移到抽象的未来，拖延症患者就操纵了时间。我自己的拖延既体现在时间旅行上，也体现在实际的旅行上，只不过当时地理方向上的迷失比时间上的迷失要严重许多——我根本不知道自己身在何处。

后来，我去必胜客问路之后（那个不知道是异域风情舞蹈俱乐部还是日光浴的店铺没开门），才发现自己其实距离流水别墅和尼斯蒂堡都很近。尼斯蒂堡是殖民时代的防御工事，比起赖特在 19 千米外设计建造的度假屋，它显得非常原始粗

拖延进行时
一部关于拖延症的历史，从达·芬奇到达尔文到你我

糟。不过，在建成的两个世纪后，尼斯蒂堡也发挥了自己的重要性：1754年，英法双方军队在那里交战，标志着全球性冲突——英法七年战争第一场战役的爆发。高中历史课本上称，那场战役的导火索是弗吉尼亚州民兵——22岁的中校乔治·华盛顿[1]在弗吉尼亚州英国政府的命令下，将法军逼至俄亥俄州，现匹兹堡的所在地。英法双方都知道——我在寻找流水别墅的路上也渐渐明白——在山地地区行军是何等的困难，所以为了缩短内部运输时间，他们都想控制河流两岸。在去匹兹堡的路上，为了确保英国及其殖民地对河岸地带的占领，华盛顿伏击了法军，并杀死了1名指挥官和13名士兵。在法军眼里，那就是谋杀。于是，战争开始了。

可以说，华盛顿基本上是毁了那次行动。他作为军事指挥官的名声基本都建立在之后美国独立战争中对大陆军的管理上。在美国独立战争中，华盛顿能取得一系列重大胜利的部分原因就在于对手的拖延。在宾夕法尼亚州西部成功伏击法军后的第12年，华盛顿于平安夜在新泽西州发动了另一次更为成功的闪电战。彼时，他为刚获得独立的美国效力，可结果依旧

---

[1] 乔治·华盛顿（George Washington，1732年2月22日—1799年12月14日），美国杰出的资产阶级政治家、军事家、革命家，美国开国元勋、国父、首任总统。

惨不忍睹。他的军队大受打击，几乎全军覆没。后来，为了立足，华盛顿急需一场胜利，便将一切都压在突击战上，乘小船趁着夜色横渡德拉瓦河就是第一步。这个方法竟然成功了。之后，黑森佣兵[1]在特伦顿的溃败重燃了爱国者的希望，也使得华盛顿将军留名青史。华盛顿之所以能胜利，黑森佣兵指挥官约翰·拉尔的无能可帮了不小的忙。情况是这样的，平安夜玩纸牌时，有人给了拉尔一张写有华盛顿军队计划的纸条，可拉尔还想继续打牌，就把纸条放进了兜里，想之后再看。于是，就发生了后面的一切。

自从我开始留意身边的拖延现象，几乎在每件事上我都能找到拖延的迹象，连美国历史书都不例外。

不过，我们还是先说流水别墅吧。据说，多年以来，流水别墅的向导都会告诉游客，山庄所在的土地曾归华盛顿所有。不过，尚无证据支持这一说法。考夫曼在1916年买下这片土地，为百货公司的员工们建了一个夏令营营地，并且于20世纪30年代投入使用。20世纪20年代拍摄的一张照片上，穿着连体泳衣的员工们正在熊跑溪瀑布边晒太阳。看看赖特设

---

[1] 黑森佣兵，即黑森士兵，又译"赫斯佣兵"，18世纪受大英帝国雇用的德国籍佣兵组织。

拖延进行时
一部关于拖延症的历史，从达·芬奇到达尔文到你我

计的流水别墅所处的地带，瀑布、岩石、河床似乎和当时并无差别，应该也和华盛顿踩过的土地一样。

我之所以选择流水别墅（必胜客的员工们为我指出了正确的道路），是因为创造了历史的赖特有时也被当作拖延症患者。赖特在设计流水别墅时期的诸多传闻，是他被人当作懒汉的原因。赖特在流水别墅项目上一再拖延的故事口耳相传，被讲述了太多次，甚至后来人们都觉得那只是传闻。这个想法太过于美好，所以听起来不像是真的。考夫曼请他为自己和家人在熊跑溪瀑布旁边修建一座度假别墅时，赖特同意了，之后9个月，赖特做了很多看不见的工作——构思设计。这种不作为的状态一直持续着。后来，考夫曼突然说要亲自去赖特的工作室看看构思了这么久却从未成型的别墅图纸。其实，这是考夫曼虚晃一枪，但赖特立刻就行动起来。埃德加·塔菲尔是赖特的助手，在《与弗兰克·劳埃德·赖特共事的岁月》中，他写道，听说客户正在等着，赖特"马上就出现在办公室了……坐在摆着参考图的桌子前就开始画……他一下就设计好了，下笔如有神。'莉莉安和E. J. 可以坐在阳台上喝茶……他们可以从桥上走过，到树林中散步……'铅笔用得特别快，我们都来不及削……擦除、重画、调整。画图纸上下翻飞。终于，他用

粗体字在底部写下了'流水别墅'几个字，给别墅取了个名字。"从塔菲尔的记录看，一切不过也就花了两个小时而已。

在这么短的时间内就画出一张设计图，我不知道这是否合理，是否值得赞扬，是否能被载入美国建筑史，但这确实是官方的说法。那么，由此引发的问题是：赖特为什么不在既定的时间内完成自己的工作呢？

其实并不是赖特承受不起这种损失。考夫曼让他设计度假别墅之前，赖特就已经陷入了低谷。虽然赖特在20世纪初成名，但当时已经成了过去时。评论家们都在嘲笑他。1932年，在现代艺术博览馆举办的建筑盛事中，由于包括密斯·凡德罗[1]、格罗皮乌斯[2]、勒·柯布西耶[3]等欧洲现代艺术家的出现，赖特几乎被完全忽略了。塔里辛是赖特的家兼工作室，位于威

---

[1] 密斯·凡德罗（Ludwig Mies Van der Rohe，1886年3月27日—1969年8月17日），德国建筑师，也是最著名的现代主义建筑大师之一，与赖特、勒·柯布西耶、格罗皮乌斯并称"四大现代建筑大师"。密斯坚持"少就是多"的建筑设计哲学，在处理手法上主张流动空间的新概念。

[2] 瓦尔特·格罗皮乌斯（Walter Gropius，1883年5月18日—1969年7月5日），德国现代建筑师和建筑教育家，现代主义建筑学派的倡导人和奠基人之一，公立包豪斯（BAUHAUS）学校的创办人。

[3] 勒·柯布西耶（Le Corbusier，1887年10月6日—1965年8月27日），20世纪最著名的建筑大师、城市规划家和作家，是现代建筑运动的激进分子和主将，是现代主义建筑的主要倡导者，机器美学的重要奠基人，被称为"现代建筑的旗手"，是功能主义建筑的泰斗，被称为"功能主义之父"。

拖延进行时
一部关于拖延症的历史，从达·芬奇到达尔文到你我

斯康星州西部。当时，塔里辛马上就要被法院拍卖了。大萧条时期，人们对时髦新住宅的需求量很小，严重约束了住宅建筑师的发挥空间。因此，于赖特而言，流水别墅项目非常难得，是英雄回归的契机。可是，赖特9个月都没完成流水别墅的设计稿，唯一的解释就是：拖延症患者那有悖常理的逻辑。在当时的情况下，人们只能无所事事。

*****

赖特的流水别墅虽然是现代性、立体派的杰出代表，但它的设计仍可称得上杰出，仍能经得住时间的考验。考夫曼本来只想让赖特在熊跑溪下游附近的岸边设计一个度假屋，这样自己就能看到瀑布的风景了。而赖特却把别墅建在了瀑布的上游，感觉就像浮在瀑布上一样。别墅周围被基岩和水环绕，仿佛要融入永恒的风景中。实际上，流水别墅点亮了风景，创造了一种对土地的永恒归属感，这是其他建筑从未企及的。可建筑物终有一天会瓦解。20世纪90年代时流水别墅就差点倒塌，不得不请了很多建筑工程师对其加固。永恒也不过如此而已。

长久以来，我一直都想去流水别墅，也一直都在计划

着，可结果就是，等我到了那里，却根本不知道要看什么，也不知道要做什么。我的意思不是流水别墅不合我心意，只是我总觉得要从这次经历中得到更多东西才行。见过流水别墅真正的样子之后，我觉得之前看过的照片似乎都很不真实。我眼前的流水别墅，与建筑图书中它美丽的样子相差甚远。

其实不只我一个人这样想。导游带着我们十来个人一起走，我注意到，大家几乎都有同样的感受：盯着别墅，很使劲地盯着，就差凑到近旁放大每一丝美感了。要是简单说一句"别墅真是漂亮极了"，那我肯定会觉得脸红，觉得自己不诚实。

建筑确实会让人们有这种感觉。从这方面看，就好像红酒一样。在它们周围，总能看到无所不知的姿态，和无所不知的论调。这一点在男人身上体现得尤其突出。在别墅之旅中，弗吉尼亚州的一位退休物理学家不停地说自己觉得赖特在某间浴室的墙壁上使用了软木塞，还有另一位来度假的历史老师一直在讲关于光的内容。

赖特本人用他顶尖的推销术，鼓励着这种对流水别墅的崇拜。流水别墅绝不仅仅是一栋房子，它是"伟大的祝福——是能在地球上体会到的伟大的祝福之一。"赖特在给考夫曼的

拖延进行时
一部关于拖延症的历史，从达·芬奇到达尔文到你我

信中这样写道："我对您的感情，绝对已经超越了客户与建筑师之间普通的感情。正是这种感情，让我将流水别墅带给了您。这在您的一生中肯定是绝无仅有的。"赖特总是寄送这样的卡片。我很喜欢的一点是，他写"建筑师"的时候，第一个字母用了大写，而写"客户"的时候则没有。

就是这种对建筑近乎宗教的虔诚，让人们觉得参观赖特的每一个作品都像去朝圣一般。你感觉自己并不是要去欣赏某栋设计精美的住宅，而是要去参加圣礼。赖特设计的很多建筑都位于偏僻无人的地方，这一点也营造了参观的氛围。我开车6个小时才到达流水别墅，这真的是我有史以来最接近朝圣的旅程。当然，要想去位于威斯康星州西南乡村的塔里辛，或位于伊利诺伊州斯普林菲尔德的达纳之家，或位于俄克拉荷马州巴特尔斯维尔的普莱斯大楼，都要这样经历一番。和其他著名建筑师相比，赖特的大多数建筑作品都位于郊区而非大城市。可能远离传统文化中心的地方，能给赖特的建筑物增添些许冷淡的力量。说到流水别墅，赖特提到了比自己更有名气的欧洲现代主义者的故事。他在宾夕法尼亚州西部偏远地带所做的一切更值得注意。赖特的做法隐藏了自己的野心和虚荣，也隐藏了他近神的姿态。毕竟，开车走上通往流水别墅的路之前，能看

到的最后几样事物中就有一只巨大的瑜伽熊塑像——它是在欢迎所有要去附近杰里斯通公园的露营车。

朝圣是一生一次的跋涉，是吸收灵气的过程，从这个角度看，朝圣之旅就是拖延症患者的正经事。所谓朝圣，必然不可能发生在一夕之间，必然不可一蹴而就，否则那就不是朝圣了，只能算是转瞬即逝的奇想。此外，拖延朝圣之旅，就是让时间不断累积，并将其价值附加于自己要去朝觐的目标上。等着去朝觐的时间越长，对建筑物的喜爱就越深。遗迹的年代越久远，也就越有价值。这就是拖延症患者擅长朝圣的原因。

*****

我住的连锁酒店就在宾夕法尼亚州收费公路的旁边。去过流水别墅之后的第二天早上，我就在大堂旁边的早餐厅里排队，等着自己的免费咖啡和一点儿都不新鲜的葡萄干面包。这时，旁边排队的一个男人问："您的旅行怎么样？"

那时，我还没睡醒，根本不想和谁说话，而且我也没明白那个人到底想问什么。他说的是我去流水别墅的事吗？可他不可能知道我去过那里。他问的是我从自己的房间到这里排队

拖延进行时
一部关于拖延症的历史,从达·芬奇到达尔文到你我

等咖啡和葡萄干面包的过程吗?好像更不对。他肯定也不是用了比喻的修辞,对吧?那他难道是想问我寻求理解的事怎么样了?

我确实不明白,所以就决定打个幌子。

于是,我回答说:"还不错,是次不错的旅行。你呢?"那个人说:"能在这里我就很高兴了,能在这里就是福气,我们必须要充分利用每一天。我真的相信这一点。"

说实话,我当时真的不知道他在说什么。不过,我有种感觉,他是想让我去哪个教堂,于是我赶紧抓起自己的那片葡萄干面包,跟那个人说了句日安之后就走了。为防万一,我还是把食物带回房间吃的。

可我为什么不安呢?那个人说错了什么吗?还是说我发现他逻辑上的不严谨了?我那样做是不是太没礼貌了?

我到流水别墅来,是为了找到能说明赖特有拖延症的证据,但我却不可避免地发现了自己的拖延症。我知道,那是我用来拖延时间的借口,因为我还没准备好坐下来开始写作。由此可见,我的旅程并不容易,甚至可以说非常糟糕。谁会为了

弄明白自己为了不工作可以走多远,就开车去往宾夕法尼亚州呢?而我在本应该完成某项任务的时候,却坐在汉普顿旅馆的大床上,吃着不新鲜的葡萄干面包,盯着屏幕上的《世界体育中心》,还调低了电视的音量。怪不得刚才排队领面包时,我要赶紧避开那个男人呢,他和他那种酒店游说的感恩哲学让我自惭形秽。

赖特有自我破坏的天赋,这可能是所有拖延者的标志性特征。1909年,刚设计完罗比之家和统一教堂这两大杰出作品之后,赖特就和一名客户的妻子私奔去了欧洲。他一直孜孜不倦地致力于工作,但当他终距离成功终于咫尺之时,难道就不能将自己方兴未艾的事业保持在正轨上吗?

可能,考夫曼突然出现之前的9个月里,由于项目的重要性和紧迫性,赖特正在经历某种"江郎才尽"的阶段——他可能会窒息,就像替补投手在满垒时被带上场却找不到好球区一样。赖特的拖延可能是担心自己不能真的胜任这项工作,或许是因为他的财务状况和在艺术史上的声誉均遭受重创,也可能就是他根本没办法集中注意力工作而已。他曾尝试着让那些有钱的"混蛋"给美国庸俗艳丽的文化注入些许灵魂。他的确建

拖延进行时
一部关于拖延症的历史，从达·芬奇到达尔文到你我

造了罗比之家和统一教堂等伟大的作品，可又得到了什么？那些"混蛋"总会无休止地抱怨赖特设计的建筑物有结构上的缺陷。要是有人打电话说，自己在赖特设计的房子里吃晚餐时天花板总会漏水，那赖特就会建议他挪挪椅子。

或者，就像列奥纳多一样，赖特可能一直就不是一个慢性拖延症患者。建筑学者富兰克林·托克在自己的《流水别墅传》一书中指出，就算赖特是在最后1分钟才将自己对别墅的规划落于笔端，但他一直都在惦记着这件事。他一定是胸有成竹的。其实，妻子发现我在沙发上打瞌睡时，我也会有类似的感觉：虽然看上去我是在打盹儿，可我确实是在写作。我一直都没停笔。

在自我推销方面，赖特真的是无与伦比，助手们随时随地都在讲述他的传奇故事。显然，赖特的助手根本不想掩饰赖特最后一刻才把流水别墅设计图画在纸上这件事。总而言之，拖延只能说明这位建筑大师很不负责任，或者很懒散，必须要被虚张声势的客户逼着才肯工作。不过，赖特的助手们都很清楚，人们会怎样美化创作的过程。日常实践中，拖延症确实会让人无聊或沮丧，但对于伟大的艺术家来说，这种过程可能就会被描述成某种冥想，有时看起来就像疯了一样。拖延症患者

和疯子差不多，都很狂野，我行我素，不拘绳墨。赖特的信徒们——还有我们中的大多数——都会觉得，流水别墅的传奇故事中最吸引人的地方就在于，它印证了我们想要印证的内容，对某些人来说，艺术及商业方面的惯例并不适用。赖特的助手告诉我们，他就是这样一位天才。遇到需要解决的问题，他会先花一段时间理解世界，虽然表面上没有什么明确的成果，可实际上却一直都在创作——赖特就是这样的人。之后，到了危急时刻，他就如会了魔法一般，马上就能把自己的诸多构想诉诸笔端，并最终将石头、钢铁和玻璃堆砌在宾夕法尼亚州西部的瀑布之上。

*****

大多数拖延症患者的习惯并没有这么夸张。无法完成应做的事情，真的是让人很抓狂，或是很恐慌！这样，受困的心态就会乘虚而入。小说家强纳森·法兰岑[1]告诉《纽约时报》的

---

[1] 强纳森·法兰岑（Jonathan Franzen，1959年8月17日—至今），美国小说家和散文家。他2001年创作的小说《修正》是一部庞大的讽刺家庭剧，获得了一致好评，赢得了美国国家图书奖、都柏林文学奖，入围普利策小说奖。他最近创作的小说《自由》（2010年）出现在《时代》杂志的封面上，旁边的标题是"伟大的美国小说家"。《自由》也被视为伟大的美国小说之一。

拖延进行时
一部关于拖延症的历史,从达·芬奇到达尔文到你我

记者,自己在写畅销小说《修正》时,大部分时间都会戴上眼罩、耳塞和耳罩,免得分心。他想隔绝一切诱惑,一心扑在写作上。对法兰岑来说,小憩、纸牌游戏还有"漫无目的地摆弄电动工具"都是诱惑。

法兰岑的说法让人有些困惑。首先来说,法兰岑时代的美国男人真的有自己的耳罩吗?还有:我们现在难道比之前的人更难分心吗?一直以来,大家的共识都是:注意力分散是我们的敌人,注定会被专心、正念和对时间安排的高度专注所打败。虚拟世界会分散我们对工作的注意力——推特、网络赌博、体育新闻、网上购物、色情信息、品趣志、昨晚柯南的更新——还出现了一个新词语:网络闲散。在当今时代,这个词就像一种行话,和泰勒时代的"科学铲"一样。

消除这些干扰的努力促进了软件行业、监控技术及"专心""思考"等应用程序的发展。商家在控制人们的冲动这一方面绝对有利可图。扎迪·史密斯[1]在小说《西北》的致谢

---

[1] 扎迪·史密斯(Zadie Smith,1975年10月27日—至今),英国青年作家的代表,其母是牙买加移民。毕业于剑桥大学英文系的她,目前拥有三本备受关注的小说作品《白牙》(White Teeth)、《签名商人》(The Autograph Man)及《论美》(On Beauty)。

第七章 赖特：就让拖延将我牢牢捆绑

页上感谢了封锁网络的应用程序"自由"和"自控"，有了它们，史密斯才没有分心。

当然，网络尚未出现之前，人们就已经在和各种干扰做斗争了。如果你曾经在工作时点开了某篇标题党的文章，接着又点开了一个又一个可疑链接，因此消耗了一下午的时光，那你可能就会偶然发现雨果·根斯巴克及其"隔离器"的故事。根斯巴克[1]的故事会出现在很多"奇闻怪谈"网站上——这种网站存在的主要目的，就是让我们在远离正经工作的同时，还不至于无所事事。根斯巴克是一名作家、编辑和精明的商人，于1926年创立了《惊奇故事》杂志。虽然他更喜欢把自己的作品归为"科学小说"类，但偶尔还是会被人称为"科幻之父"。《科学及发明》杂志是新手及业余实验者的平台，1913年至1929年，根斯巴克还为该杂志做过编辑。拖延症患者和根斯巴克一样，都很迷恋未来。我们认为，未来才是完成当前任

---

[1] 雨果·根斯巴克（Hugo Gernsback，1884年8月16日—1967年8月19日），美国著名科幻杂志编辑，科幻文学的先驱之一，工程师。1884年出生于卢森堡，1904年移居美国，时年20岁。1926年，他创办了第一本真正的科幻杂志《惊奇故事》（Amazing Stories），开创了科幻类型文学。为此，1960年世界科幻年会（World SF Convention）颁给他一份特别的科幻奖，并授予他"科幻杂志之父"的称号。年度科幻小说成就奖以他的名字命名，为"雨果奖"。

务的最佳时机。

在 1925 年《科学及发明》杂志的 7 月刊中，根斯巴克发布了自己的隔离器。这种装置可以帮助作家及其他思想工作者专注于自己手头的工作。隔离器就像深海潜水员的头盔，它能包裹住使用者的头部，让使用者通过连接氧气管的软管呼吸，帮助使用者拒绝外界诱惑。这种头盔可以让使用者远离外界噪声，且眼部的缝隙狭窄，可以缩小使用者的视野：也就是说，戴上头盔之后，使用者只能看到一行文字。

杂志上刊登了一张根斯巴克戴着隔离器在一片安静中乱写乱画的照片。至少人们纷传照片里的是根斯巴克本人，不过到底是谁真的很难判断。无论谁看见，都会觉得那是为登月准备的服装，所以人们看到他穿戴成这样，却没做什么冒险的事，只是在办公桌前写字，只觉得好笑滑稽。

根斯巴克因自己的各种发明获得了 80 项专利，包括电梳和电动发刷，还有能把牙齿变成耳朵的设备。作为一个喜欢戴着单片眼镜仔细研究餐厅菜单的自我推销者，跟美国历史上的多面手和狂想家相比，根斯巴克的名气有限。1963 年,《生活》

杂志将之称为"太空时代的巴纳姆[1]"。根斯巴克从未给隔离器申请专利，但他的想法启发法兰岑发明了自己的耳罩和眼罩。

* * * * *

根斯巴克戴着防护服一样的隔离器，法兰岑戴着耳罩：这正是人们寻求庇护的情形，就像抵抗外界攻击一样。这种姿态与世界大环境有关，代表着恐惧和焦虑——那么，这种事经常发生在作家身上真的会让人意外吗？

曾有人认为，作家是拖延症患者中特别的一类，因为他们的工作日不同，作家与编辑的关系也与普通办公室中老板与下属的关系不同。迟迟拖延的未完成的小说初稿，与直到最后一分钟才拟好的每周例会大纲情形不同。但合同制的兴起改变了一切。现在，布鲁克林、芝加哥、波特兰和奥斯汀几乎都是散漫的自由职业者——也就是拖延症患者。一旦你可以自由制订自己的行程，那就说明你可以随时完全忽略它。如果你可以在不与雇主见面的情况下工作多年，那么最后期限的约束力也就

---

[1] 巴纳姆（Phineas Taylor Barnum，1810年7月5日—1891年4月7日），美国马戏团经纪人兼演出者。1842年在纽约开办美国博物馆，以奢侈的广告和怪异的展品而闻名，最有名的展品是斐济美人鱼。

拖延进行时

一部关于拖延症的历史，从达·芬奇到达尔文到你我

极其有限，合同制经济允许人毫无顾忌地懈怠疏忽，这就为拖延症找到了出口。

然而，如果把拖延症仅仅看作是"分心时代"的某个特征，那么无论从历史角度看还是从哲学角度看，都是不准确的。首先，几个世纪以来，尽管人们很讨厌自己拖延，但一直都在这样做。拖延的习惯在互联网出现之前就已存在，甚至早于蒸汽机车、烤面包机的出现。所以，尽管推特消息的确在激增，网飞公司（Netflix）的电视剧数量的确在上升，但拖延症患者仍能发挥自己的能动作用。他们都有选择权，也许是太多选择。虽然网络屏蔽软件的目的（或者这才是原因）是限制、减少人们的选择，但它仍会以"自由"命名。同样，"自控"的使用者实际上是把管控自己的工作外包给了别人，自己反倒放宽了心。还有，既然我们不想受干扰，却还要使用各种会干扰我们的设备，这不是很奇怪吗？

是否真的受到干扰完全在于不同的选择，可选择这件事儿可真不好拿捏。我们想要的很多，但这些都不可兼得。我们想要自由，但自由让我们怕到要死。我们并不了解自己，所以也不知道自己真正想要什么。这个人想要这个，另外一个人想要

别的。不过，横在现在的自己和将来的自己之间的裂纹才是最常见的。此刻的自己可能想要推卸所有的责任，可未来的自己却要考虑后果。当我们无法调和内心的矛盾时，拖延就会站出来。

内心的战争愈演愈烈，就需要一定程度的自我克制。这就是希腊神话中奥德修斯的名字出现在众多关于干扰和自我控制的讨论中的原因。还记得下面这个故事吗？塞壬是危险的女巫，她们的歌声会引诱水手，致使水手失神，造成船毁人亡的事故。为了抵挡塞壬致命的歌声，靠近塞壬的家时，奥德修斯命令水手将自己绑在大船的桅杆上。这种未雨绸缪的做法救了他一命。（但大家通常会忽略的一点是，把自己绑在桅杆上并不是奥德修斯想出来的，那是瑟茜的主意。瑟茜自己就是个妖妇，想必一定知道如何避免诱惑。）根斯巴克的隔离器就是自我约束的奇特示例，其灵感直接来源于奥德修斯。戒酒硫这种药也是一样的，它能与酒精快速反应，产生诸多不良反应，因此会抑制饮酒人士喝酒的欲望。这是"奥德赛制药公司"的产品。

要不是这些肆无忌惮的拖延症的故事，我很少会想到古老

拖延进行时

一部关于拖延症的历史,从达·芬奇到达尔文到你我

的希腊神话。不然,奥德修斯在战争后,选择曲折的路线回家,不停地在地中海地区徘徊逡巡,不是为了拖延归家的旅程还能是为什么呢?奥德修斯妻子佩内洛普的拖延现象更是明显。佩内洛普在伊萨卡等着丈夫回家时,被108名追求者团团围住,因为这些人都认为奥德修斯早就死了,所以急于取而代之。(这个数字难道不会让人想到阿尔伯特·艾利斯[1]的约会建议100条吗?)其实,佩内洛普自己对丈夫的事心存疑虑也是情有可原的对吧?不过,她拖延追求者的方法简直棒极了。她说自己要给丈夫的父亲做寿衣,坚持在完成之前不接受任何人的追求。之后三年多,她一直都在做寿衣,每天晚上都会把白天做好的部分拆掉,好拖延时间。这个故事流传下来,一直用来歌颂女性对婚姻的忠诚。但在我看来,她简直就是最伟大的拖延女主角,生动形象地向人们示范了拖延、狡猾和欺骗(哪怕是自我欺骗)是如何发挥重大作用的。

*****

每年该注射流感疫苗的时候,我都会拖一段时间。可我真

---

[1] 阿尔伯特·艾利斯(Albert Ellis,1913年9月27日—2007年7月24日),美国临床心理学家,在1955年发展了理性情绪行为疗法,20世纪60年代美国性解放运动的先驱。许多人认为他是认知行为疗法的创始人。

的不想得流感，所以根本就不应该拖延。问题在于注射疫苗可不是什么让人开心的事，医生的办公室只会让人心情更不好，所以这件事才会变得很复杂。注射流感疫苗本来应该是件简单的事，但如果一直瞻前顾后，所有的拖延症患者都会把它变成很复杂的事情，进退两难。我为什么要推迟注射疫苗呢？用词可能是部分原因。因为用了"注射"这个词，所以人们就会害怕，它就会变成人们唯恐避之不及的事情。这是所有拖延症患者都具备的技能——犹疑不决，不断拖延，用犹豫将自己的不作为合理化（无论理由多么站不住脚）。

有的时候，这种做法完全是杞人忧天，但我认为，那是过度自抑。这样一来，好像拖延症患者的问题就是他们根本无法驾驭自己势不可挡的精神力量，或这种力量无法自行消失。犹豫不决其实就是一个人不断调整思维，避免采取行动，最终无所作为。如果把时间都用在思考上，最终可能根本不会将任何一个想法付诸行动。我暗自心想，医疗保健也可以被视为拖延的一种形式，其目的是推迟完美的自然过程——也就是死亡。所以，排队等着注射流感疫苗的人才是真正的拖延症患者。

拖延进行时

一部关于拖延症的历史，从达·芬奇到达尔文到你我

  治疗本身就是一种矛盾。以健康之名，医生划开我们的皮肤，给我们用药，摆弄我们的身体。而我们自己为了延长生命，就会屈服于痛苦和暴力的治疗方案。作为患者，我们真的很难淡定——不仅是因为要在接待室等上好几个小时，也不仅是因为要等着测试结果，而是我们无法掌控自己的生命，总会要医生诊治。我们坐在医生候诊室的时候，难道比平常更了解自己的身体吗？就连最平常的检查也会让人迷惑，会打破我们日常生活的调节机制。纵使我有千种能力、万种工具，就算我资源丰富、学富五车，一旦医生让我抛下这一切，我依旧别无选择。就算病痛还没有打垮我们，常规的医疗检查也会让我们感到自身的脆弱。这件纸做的病患服要怎么穿？医生检查时，我该看哪儿？

  疾病也是一种推迟，是一种暂缓的状态，是对日常生活的逃离——每个曾为了逃避考试而假装感冒的学生都能明白。小时候，我装病的经历基本就没成功过，现在回想起来，这可能就是我长大后有拖延倾向的原因。现在，我还会停止行动，蔑视掌控我生活的安排吗？健康的孩子们会假装咳嗽，假装嗓子疼，不只是因为他们还没准备好听写测验，而是因为他们向往昏昏沉沉的感觉和生病的新鲜感。他们认为，生病能让自己

摆脱无聊的生活，简直是一种恩赐。坐在家里的沙发上看电视、打电子游戏本身可能没那么特别，但能远离班主任、科学和自习室的感觉简直太美妙了。孩子们会将生病这件事想得很美好，这一点苏珊·桑塔格在《疾病的隐喻》中已提出过警告——生病让人上瘾。

结核病曾与创造力有很大关联，后来结核病可以治愈之后，它带给文学作品的影响却让众多评论家颇为担心。拜伦很欣赏自己苍白的面色，想虚弱而死。桑塔格引用了拜伦的话："那样，那些女士们就会说：'拜伦真是让人心疼，他即将逝去的样子看起来不错。'"

孩子生病在家不去上学也能获得特殊待遇。可这怎么能怪他呢？疾病——哪怕是装感冒——都能改变一个人。待在家里不上学的话，你会以一种上学时永远体会不到的方式出现在教室里：大家都会担心你，朋友们还会帮你把作业送到家。

写传记的套路之一，就是一个人因重大伤残或疾病而改变，或反思过去。比如，西奥多·罗斯福年轻时患有哮喘、富兰克林·罗斯福是小儿麻痹症患者、贝多芬双耳失聪、圣依纳

拖延进行时
一部关于拖延症的历史,从达·芬奇到达尔文到你我

爵[1]曾在潘普洛纳战斗中被炮弹击中……还有,"垮掉的一代"著名小说家杰克·凯鲁亚克在马萨诸塞州洛厄尔上高中时,曾担任美式橄榄球后卫。他为体育疯狂,梦想能参加玫瑰碗,或赢得世界级比赛的冠军。后来,他加入了哥伦比亚大学新生橄榄球队,与新泽西州圣本德预科学校的比赛是他大学之后的第一场比赛。比赛中,他踢悬空球时摔断了腿。可教练怀疑凯鲁亚克伤情的严重性,说他是装病。我能想象得到,那个颓废的人在更衣室里叼着烟走来走去,劝告那些浑身湿透的大学生运动员们,说他们不过是白费力气。在《吉拉德的幻象》中,凯鲁亚克借密友杰克·杜洛兹之口,说:"争什么球啊……我要坐在屋里,好好欣赏贝多芬的曲子!我要创作出优秀的作品来!"[2]

凯鲁亚克康复之后,仍然不断与教练发生摩擦。(惊讶吗?)第二个赛季中或第二个赛季之后的某个时候,他决定退学并离开橄榄球队——此后,他的一生都在不断放弃。凯鲁亚

---

[1] 圣依纳爵·罗耀拉(Ignacio de Loyola,又称为"伊格那丢",1491年12月4日—1556年7月31日),西班牙人,是罗马天主教耶稣会的创始人,也是圣人之一。他在罗马天主教内进行改革,以对抗由马丁·路德等人所领导的基督新教宗教改革。

[2] 译文选自毛俊杰译《吉拉德的幻象》。

克大学时两次肄业，1942年加入海军后未能完成基本训练，加入商船队之后三个月也退出了。他从事过很多种工作，当过船员、体育写手、侍者等，但从没有哪一份工作能持久。加入海军时，他称自己的工作经历之所以"很少"，是因为"把时间都花在学习上了"。1943年，海军令他离开，以"不适合参军"为由开除了他。由此可见，凯鲁亚克不愧是"垮掉的一代"生活方式的代表，毕竟他的特长就是不断拖延。

世上的拖延症患者可以分为两个类型：一种是虎头蛇尾型（如凯鲁亚克），另一种连迈出第一步都不敢（如最后一秒才完成流水别墅设计的赖特）。赖特曾被认为是过气的人，与时代格格不入，而流水别墅拯救了他的事业。设计了流水别墅之后，他再次成为美国本土建筑大师，大项目再次接踵而至。1943年，赖特受邀在纽约为所罗门·罗伯特·古根海姆[1]设计一座新的艺术博物馆。从开始到博物馆竣工整整用了16年——这可不是因为赖特的拖延，而是因为世界大战的发生和对手的刁难。

---

[1] 所罗门·罗伯特·古根海姆（Solomon Robert Guggenheim，1861年2月2日—1949年11月3日），美国实业家、艺术收藏家和慈善家，古根海姆基金会和所罗门·R.古根海姆美术馆的创立者。

拖延进行时

一部关于拖延症的历史，从达·芬奇到达尔文到你我

赖特从没有见过古根海姆。古根海姆博物馆正式对外开放前几个月，古根海姆本人就因紧急肠道清理手术的并发症驾鹤西去了。古根海姆的医生告诉记者们："他正在逐渐好转，可突然就去世了。"去世时，古根海姆已经91岁了，因此，实话实说，他已过鲐背之年，不能算是猝死了吧。

设计古根海姆博物馆时，赖特将一个螺旋坡道作为展览空间。这条坡道有500米长，6层楼那么高，以透光的天井为中轴螺旋向上。在赖特眼里，螺旋代表了渴望和超越。可古根海姆博物馆的坡道其实也可以从另一方面加以理解：它是蜿蜒向下的。无论从哪个角度看，这条路线都是环形的，就像超级英雄的套路（也像水沿着管道流下来那样）。还有，拖延症患者也从来不会走直线。他们会从一件事上转移到另一件事上，之后往返好几次，只能慢慢取得进展。他们认为，知识是可以学来的，欲望不需要争取就可以得到满足。

第八章

未来可期

> 请你赏赐我纯洁和节制,但不要立即赏给。[1]
> ——希波的奥古斯丁,《忏悔录》

查尔斯·罗伯特·达尔文的唐恩小筑位于肯特郡,穿镇而过的一些小路始建于罗马占领不列颠时期。19世纪40年代,达尔文来到这里时,有些道路就已经显得过于狭窄了,连他的双轮单座马车也只能勉强通过。不过,现在这些道路依旧如此。我去肯特郡的唐恩小筑时,让带我离开伦敦的保加利亚优步司机德米蒂尔把我送到距离肯特郡不到1千米的地方,这样

---

[1] 译文选自周士良译《忏悔录》。

拖延进行时

一部关于拖延症的历史,从达·芬奇到达尔文到你我

我就可以在乡间小路上漫步一会儿了。我想象着自己悠闲地走着,如某个无数清晨都在同一片土地上悠然自得的伟人一样。

走在路上,周围的景色美不胜收:当时已是11月中旬,可草地还是一片翠绿色,道路的两旁有迷人的村舍和石头垒起来的矮墙,薄雾蔼蔼,硕果累累。不过,小路在某条狭窄的小巷突然变了方向,我走过去时,一辆超速行驶的路虎冲过来,我赶紧贴着石墙才避过去。我把这件事当作达尔文进化论给我上的一课,在资源稀缺(狭窄的路上)的自然竞争中,强者(路虎)比弱者(我)更易生存。

从希思罗机场下了飞机后,我总能看到有关达尔文影响力的标识。后来买咖啡找零的时候,还拿到了一张10英镑的钞票,达尔文的头像就印在钞票的背面,正面是女王的头像。钞票的一角是达尔文标志性的放大镜,巧妙地说明了达尔文之所以能做出很多贡献,都是因为他对细节的观察,以微知著。

1836年,达尔文摇摇晃晃地走下小猎犬号之后,他再也没找其他的工作,也再没离开过英格兰,大多数时间,他都是留在家里,写作、思考、踱步。他的房子就是他的野外测量站,是他的实验室和图书馆。(他之所以会选择这里,部分原

因是这里的土壤构成及其生物地理的多样性。我想象着达尔文和地产经纪人的对话：三间浴室固然很好，但我更想要的是钙含量丰富的土壤。)

一旦安顿下来，达尔文就会像船底的藤壶一样，牢牢吸附在那里。他有自己的一套工作方式，他会种植兰花和迎春花；会培育食虫植物，喂它们剪下来的指甲以测试其饮食范围；会清理出面积不足1平方米的杂草丛，记下大量笔记，说明哪些风吹来的杂草种子会生根发芽，哪些不会。此外，他还解剖了藤壶。

达尔文用了8年时间在唐恩小筑研究藤壶，那是他在学术方面大放异彩的关键8年，但这对他来说实在是微不足道。渐渐地，他厌倦了这些小事。"世界上肯定没人比我更讨厌藤壶了。"他曾向一位朋友这样抱怨，不过，这句话也说明，他并不愿意承认，是因为自己之前痴迷于藤壶，所以才耗时太久。正是在达尔文专心研究藤壶的8年里，另一位博物学家阿尔弗莱德·华莱士[1]却开始思考达尔文之前思考过数十年的进化理论，因此也威胁到了达尔文在科学方面的优先权。如此想

---

[1] 阿尔弗雷德·拉塞尔·华莱士（Alfred Russel Wallace，1823年1月8日—1913年11月7日）是英国博物学家、探险家、地理学家、人类学家与生物学家。

来，藤壶差点断送了达尔文成为伟大科学家的可能。或许，他再也不会有机会出现在 10 英镑钞票的背面了。

得知华莱士的进展后，达尔文给一位一直警告他不要拖延的朋友写信说："你说的话一丝不差地应验了。"

不过，从另一方面看，藤壶也教会了达尔文很多东西。藤壶科有无数种——比如无足种、性别不定种、无肛种等。正是这些细微的不同之处奠定了自然选择的基础。随着时间的推移，达尔文刚解剖藤壶时开始写的论文已演变成了四卷书。1853 年，这几卷书为他赢得了自然科学皇家奖章，证明他在科学领域做出了不可估量的贡献。可能，正是这份荣誉给了达尔文勇气和信心，让他能继续完成《物种起源》。

* * * * *

罗文•布莱克是唐恩小筑的首席园丁，他就住在唐恩小筑所辖的土地上，辛勤培养达尔文喜欢的乔木、灌木和草地。罗文向我讲述他的生活安排时，我说那在我看来无比浪漫，不过我没考虑到各种体力劳动和无数次的弯腰劳作。我觉得，不用亲自耕耘的时候，是花园最美的时候。

第八章 未来可期

无论去达尔文花园的哪个角落，我都确信，那位伟大的博物学家也曾走过这里，也见过我当时所见的一切。于达尔文而言，花园就是一座天然图书馆，他可以在这里寻求答案。我注意到在花园中行走时，我都背着手——我走过别的地方时可不会这样。而且我还会稍稍低着头，仿佛在沉思的样子，我想这大概就是维多利亚时代各位绅士科学家深沉走过的样子吧。不过，我并不了解维多利亚时代绅士科学家的样子——也不知道如何才算做深沉。

布莱克为我介绍园地时对我说："达尔文遇到问题的时候就会散步。"想到达尔文走过那么多路，这大概说明他的生活就是一大难题吧。要是他围着花园走了十圈还找不到问题的答案，那达尔文肯定会觉得自己可能根本就无法解决这个问题。布莱克告诉我，在达尔文最后的时光中，每当他自己站不起来时，就会坐在轮椅上，让别人推着他绕着花园走。看来，达尔文就算不能走路，心里还会想着散步这件事。

达尔文在花园里散步的时候，总会沿着小路顺时针走，所以我和布莱克也是顺时针走的。一路上，布莱克告诉了我哪些树是达尔文亲自种的，还带我欣赏了肯特丘陵和萨里山的景

拖延进行时
一部关于拖延症的历史，从达·芬奇到达尔文到你我

色。乌云笼罩着远处的山，阳光和阴影交替出现在大地上。从达尔文的居所望出去，我们可以看到英格兰和威尔士阡陌纵横的公路，我不禁觉得奇妙，能沿着这些小路在肯特郡漫步真是太棒了——要是能沿着它们穿过整个英格兰该有多好啊！

大雨倾盆的时候，我仍沉浸在自己的思绪中。真是瓢泼大雨啊！雾气消散了，累累硕果也看不到了，只剩下白茫茫的雨滂沱而下。见此情形，布莱克便说不如去达尔文的温室避雨，于是我们就去了。把植物学历史上的地标之一当作权宜的公交亭，真是让人受宠若惊。温室里长满了兰花，布莱克借此机会给我讲了更多关于达尔文的事。雨点砸在温室的玻璃上，我不禁在想，达尔文本人是否曾在大雨时徘徊于温室中，聆听同样的雨声。我想应该没有吧，布莱克告诉我，达尔文喜欢把一整天分为多个十五分钟的片段。这大概就是他能发表许多文章的原因吧。作为一个可能的拖延症患者，达尔文的计划性真令人惊讶。

*****

我们是否真的能为拖延症正名呢？为拖延症辩白就像那些

第八章　未来可期

违反常理的故事一样，深得报纸科学健康版块编辑的欢心。这些故事总会说，人们之前认为吃红肉、喝红酒这样的习惯可能损害身体，可实际上却是有益于身体健康的。

在古希腊，为了保护某人而准备的演讲，即为某人摆脱指控的陈词，就被称为辩护。不过，现在的"道歉"一词早已没有了这一含义。现在，我们道歉就是承认了自己的错误，是认罪的表现。我觉得这本书既是道歉，又是辩护、忏悔和争论。我想为自己剖白，为自己的拖延正名——哪怕我就是始作俑者。

我公寓大门的把手已经松动了很长一段时间，感觉要是猛地一拽，它就会掉下来。我已经有经验了，家里的其他人也明白——不猛拽就行。所以我们用门把手的时候都小心翼翼的，动作很轻，而门把手也没有为难我们。目前看来，我们相安无事。

可能有人会这样建议：修好那个该死的门把手不就行了吗？

要是我说，我已经无数次这样对自己说过了，一切会有改

拖延进行时
一部关于拖延症的历史，从达·芬奇到达尔文到你我

变吗？修好那个该死的门把手都成了我"待办事项清单"上的常客了。我时常审阅那个清单，也常常会惦记着修好门把手这件事。但我根本就没有付诸行动。

我是在拖延，可最差还能怎样？我能想象得到，要是门把手被拽下来，就得请锁匠，否则就无法出门，真是让人尴尬。不过，这种情况显然没有尴尬到让我马上采取行动的程度。修好门把手的事并不着急，反正它已经松动了这么久，我也早就习惯了，所以没什么好着急的。

还有，约见牙医、汽车年检、清理火炉过滤器，还有把厨房钟从标准时改为夏令时等，都不是什么特别要紧的事。难道是从夏令时调成标准时？我总是分不清这两种，无论怎么改，都是几个星期之前该做的事了。从该改的时候起，我都是看着公寓里的表，默默在心里问是加上一个小时呢，还是减一个小时来着？

我的拖延症最让我困扰的地方在于，我未能达到某个理想的我希望能达到的要求。这也困扰着利希滕贝格、列奥纳多，还有很多成绩突出的拖延症患者。列奥纳多临终前或许会这样责备自己："我什么都没做成！"列奥纳多教给我们的

第八章 未来可期

是，如果我们不能及时完成任务，终有一天会追悔莫及。

如果说成绩斐然的拖延症患者教给了我们什么，那就是我们想完成的很多任务真的真的都太难了：学习外语、着手进行害怕的项目工作、和心仪的女士说话。这些事会让我们陷入不安的境地，我们可能要面临失败、痛苦和尴尬。就算我们不得不做的事情本来没有很难，我们也会拖延，所以这些任务就会变得愈发困难、有挑战性，当然，也会变得更有乐趣。可能众多拖延症患者也是这么认为的吧，比起完成手头的任务，整理衣柜、给歌单的分类重命名或再花 10 年研究藤壶会更好一些。科学家认为，如果我们不能马上停止对世界的破坏，那么我们和世界就只有一损俱损的结局。但大多数人似乎更在意具体的现实，而非抽象的未来。此外，大多数人也更愿意再晚一点认识到这一点：回头是岸，趁一切还来得及，改变自己的行事方式吧。如果做不到，你肯定会后悔的。

不过，希冀人生没有遗憾不是很可笑吗？

我一直都在后悔，肯定有些事是会被搁置的呀。怎么可能没有呢？可难道真要我相信，我要是足够有条理、足够有计划，临终之前我就会心满意足吗？人外有人，天外有天，我无

拖延进行时

一部关于拖延症的历史,从达·芬奇到达尔文到你我

法做到十全十美。我需要逃避,也需要面对,遗憾会存在,成功也会存在。

我只是一个人而已,失败也是发生在我身上最好的事之一。

* * * * *

查尔斯·罗伯特·达尔文于1882年去世,生前完成了25部作品。他最后一部作品的内容与蚯蚓有关。达尔文在没有忙着做大事的时候,也就是说没忙着改变学术历史的时候,就会观察蚯蚓。离开小猎犬号之后,达尔文就开始研究蚯蚓,研究时间长达半个世纪。正如研究主题中所写的,蚯蚓看上去很低调,非常不起眼,但达尔文很欣赏它们为世界做出的巨大贡献。他欣赏蚯蚓改良土壤,使土壤可循环利用的能力,而且蚯蚓还有助于保护考古文物。他在写给朋友的信中说,我们都应该对蚯蚓"心存感恩"。蚯蚓体现了达尔文研究中典型的主题:微不足道的事物可能会带来巨大的变化。有些关于蚯蚓的研究可能持续数年。比如,有一次,他在唐恩小筑后院放了一块石头,随着时间的推移,通过测量石头下沉的幅度,他可以知道蚯蚓搬运了多少土壤。达尔文曾去过巨石阵——要知

第八章　未来可期

道,他可不是个喜欢出门的人——就想看看某些早期的巨石被蚯蚓的排泄物埋住了多少。此外,达尔文还动员全家人参与自己的研究,让孩子们演奏巴松管和钢琴,还使劲吹口哨,以此了解蚯蚓对音乐的反应。(蚯蚓对达尔文儿子吹奏的巴松管并没有什么反应,但把它们放在碗里,再把碗放在钢琴上时,可以发现它们对震动十分敏感。)阅读达尔文涉及蚯蚓研究的信件,可以感觉到,能这样度过自己的一生,他很满足——和蚯蚓待在一起,专心桌边实验,不时耕种花园——根本不在意这些能不能带来巨大突破,能不能让他名留青史。后来,达尔文终于完成了一部有关蚯蚓的作品,名为《腐殖土的产生与蚯蚓的作用》,这本书很快就被抢购一空,几周之内就已经重印了一次。不过,名字这样吸引人,怎么可能不抢手呢?

达尔文和他十分欣赏的蚯蚓一样,有远见卓识,他会注意到别人忽略的内容,而且会充分加以利用——比如藤壶与蚯蚓的特性。日积月累,对细节的观察变得愈发重要。我们之所以铭记达尔文,是因为他提出的重要思想,但如果没有细节作为基础,那这些思想根本不会被提出。大限将至时,达尔文对一位老朋友说,他希望自己能长眠于"世界上最美的地方",也就是村子里的教堂墓地,那样,他就可以和蚯蚓做伴了。

拖延进行时

一部关于拖延症的历史，从达·芬奇到达尔文到你我

*****

作别罗文·布莱克以及唐恩小筑后，我必须得回伦敦一趟。保加利亚的优步司机德米蒂尔会和我在大约 600 米外的达温村碰面。如果不堵车的话，我就能回到伦敦的酒店，刚好能和一位编辑通上话，还能按时完成我一个月前答应过的但还未交稿的大纲了。

我沿着小路走进村子里，经过了一条当地的公路。这条小路从童话般美丽的草地上穿过，一边生长着枫树，另一边生长着冬青。远处，有几座看上去很兴旺的村舍，还有一个被墙围起来的花园。一切都非常迷人。我禁不住再次想到，无论走向何方，要是沿着这条小路走下去，会有怎样的经历呢？午后的风雨刚刚停歇，现在已是傍晚时分，秋日的阳光从橡树叶子的缝隙中透出来，尘埃浮在一片金色之中，一切都带着华兹华斯描写的意境。我之后还会有这种机会吗？我可以再往前走几千米，看看乡野是否如达尔文说的那样有魅力。我可以在某个风景如画的小村庄停留，找个酒吧坐一会儿。我之前看过地图，附近有些小镇从名字就已经让我很感兴趣了：比如金山、獾山、普拉特谷等。肯特郡一些小镇的名字很"性感"，

第八章 未来可期

不会只有我一个人这样认为吧？

最后，我还是觉得，在浪漫的肯特郡乡村漫步，这样的机会不可多得，管他最后期限是什么呢。于是，我便沿着小路往前走。可我转念又想到了等着和我打电话的编辑还有保加利亚优步司机德米蒂尔——他肯定会在镇上到处找我。我不能让他们失望，于是，我改了主意，走上了通往镇上的小路。

往前走了大概100米，我又开始想，我刚才错过了一次能铭记一生的经历，没有跟着达尔文可能走过的小路欣赏怡人美景，反而要去会泯灭灵魂的市井，真是让人赧颜。那些功成名就的拖延症患者告诉我，为应做而不做之事找借口是思想赋予我们最伟大的能力之一。我们的逃避、我们的妄想以及自我欺瞒，都给生活增添了不少色彩。正因为有了这些，我们才能从各种责任中得到一丝喘息，从各种控制中解脱几分。想到这里，我转身，又朝刚才那条小路走去。

好吧，事实证明，要想忘掉责任着实困难。我走在美丽的乡村小路上，内心的愧疚从未消退。它告诉我，我现在真正要做的是回到伦敦，完成自己的工作。别闹了，专业一些。

拖延进行时
一部关于拖延症的历史,从达·芬奇到达尔文到你我

我停下脚步,想把这件事想清楚。我可以回到伦敦处理工作事务,也可以沿着这条小路走下去,继续探索。我知道沿着小路往前走必然会耽误工作,可从另一方面来说,回到伦敦会耽误我的冒险旅程,无论怎么样,总有些事会被耽误。

我实在是太纠结了,已经到了无法相信自己的理智的地步。当时,我甚至都分不清哪些是义务,哪些是我的逃避,所以根本无法决定自己到底想做什么。我不仅无法决定我是否应该拖延,我甚至无法判断造成拖延的行为是什么。不过,我深知一件事,我再也不想这样漫无目的来来回回地走了。

这时,我看见了保加利亚优步司机德米蒂尔把车停在了一旁。他开车往村子里走时,正好看见了我。他按了下喇叭,把车停好,摇下车窗,于是我赶紧朝他走过去。

我忽然记起当天早些时候我想到的一件事。我当时的想法是,一些国际性官方组织——或许联合国教科文组织吧?——应该制作一份世界拖延症遗产清单,列明本应发生某些大事却没有发生、或没有立刻发生的地方。查尔斯·罗伯特·达尔文的唐恩小筑肯定榜上有名。哈姆雷特在埃森诺的城堡也是。这些就是拖延症患者的圣地,如此,他们在应该做某

第八章　未来可期

些事的时候就能去圣地走走了。旅行的冲动源自对蜿蜒道路的渴望，与此相同，拖延症始于这种认识：就算我们根本不知道是什么，但比起我们应该做的事，总有些事，或者说所有事，更值得做。尤其是我们不知道该做什么的时候，就更是如此。要是能有分身术，任何时候你都能既勤奋又慵懒，既拖延又积极——该是多么美好呀。

"准备好回伦敦了吗？"德米蒂尔坐在车里问我。

这是个非常简单的问题，可我在给出最终答案之前，站着沉默了很久。

致谢
Thanks

在表达对以下诸位的感谢方面，本拖延症患者已耽搁多时：

感谢老朋友迈克尔·海尼（Michael Hainey）和约翰·达菲博士（Dr. John Duffy），他们是我的灵感来源；杂志社编辑吉姆·温特斯（Jim Winters）；才华横溢的詹妮弗·伊根（Jennifer Egan）；敏锐的迈克尔·西西利亚诺（Michael Siciliano）和艾达·布朗斯坦（Ada Brunstein）；以及为我指明正确方向的休·伊根（Hugh Egan）。

感谢乔伊·法拉利（Joe Ferrari）、蒂姆·皮切尔（Tim Pychyl）、劳拉·拉宾（Laura Rabin）及马克·怀特（Mark White），他们愿意花时间从学术角度为我讲解拖延症（不过，我还是会犯错误）；罗文·布莱克（Rowan Blaik）带我

拖延进行时
一部关于拖延症的历史,从达·芬奇到达尔文到你我

游览了唐恩小筑;戴尔·莱尔斯及利希滕贝格学会热情的会员们;以及新奥尔良的安东尼·罗格里(Anthony Rigoli)神父。

感谢聪明且勤奋的支持者拉里·威斯曼(Larry Weissman)和萨沙·阿尔珀(Sascha Alper);戴伊街图书公司的专家团队成员:茱莉亚·切福兹(Julia Cheiffetz)、海蒂·里克特(Heiti Richter)、肖恩·纽科特(Sean Newcott)和瑞塔·马德里加尔(Rita Madrigal);大芝加哥地区诸位桑泰拉家的人:加里(Gary)、玛丽·凯(Mary Kay)、格伦(Glenn)和格洛丽亚(Gloria)。

尤其感谢《巴黎圣母院》杂志的克里·坦普尔(Kerry Temple),正是他建议我写一本关于拖延症的书,且一直耐心地等我完成写作。

最后,我要感谢 A-L 和安迪(Andy),他们是我最重要的人。

关于作者
About the author

安德鲁·桑泰拉一直为 *GQ*、*Slate* 杂志撰写文章，为《纽约时报》撰写书评。他目前定居纽约布鲁克林区，可能现在正在拖延某些重要的事。